综合实践活动课程的新时代建构

总主编　成尚荣　张　华　柳夕浪

综合实践活动课程的评价与管理

戎庭伟　张馨月　编著

河北出版传媒集团
河北教育出版社

图书在版编目（CIP）数据

综合实践活动课程的评价与管理 / 戎庭伟，张馨月编著. -- 石家庄：河北教育出版社，2021.6
（综合实践活动课程的新时代建构）
ISBN 978-7-5545-5552-1

Ⅰ. ①综… Ⅱ. ①戎… ②张… Ⅲ. ①活动课程－教学研究－中小学 Ⅳ. ①G632.3

中国版本图书馆CIP数据核字(2019)第267856号

综合实践活动课程的评价与管理

ZONGHE SHIJIAN HUODONG KECHENG DE PINGJIA YU GUANLI

编　著　戎庭伟　张馨月

出 版 人　董素山
策　划　张　辉　何春雅
特约编辑　高力夫
责任编辑　李　琨
装帧设计　于　越
出版发行　河北出版传媒集团
河北教育出版社　http://www.hbep.com
（石家庄市联盟路705号，050061）
排　版　河北九易数字技术有限公司
印　刷　河北荣恩印刷有限公司
开　本　787 mm × 1092 mm　1/16
印　张　14
字　数　200千字
版　次　2021年6月第1版
印　次　2021年6月第1次印刷
书　号　ISBN 978-7-5545-5552-1
定　价　35.00元

综合实践活动课程的新时代建构

编 委 会

前言 QIANYAN

提升综合课程品质，增强学生综合素质

习近平总书记在全国教育大会上，非常鲜明地指出，“培养什么人，是教育的首要问题”。立德树人是教育的根本任务，也是教育现代化的方向目标，同时要求在“增强综合素质”等六个方面下功夫，培养学生的综合能力和创新思维。

立德树人的根本任务一定要落实在课程建设中，增强综合素质的要求一定要落实在教学活动中。2017年，教育部颁布了《中小学综合实践活动课程指导纲要》(以下简称《指导纲要》)，其目的就是要引导学生从个体生活、社会生活及其与大自然的接触中获得丰富的实践经验，形成并逐步提升对自然、社会和自我之内在联系的整体认知，具有价值体认、责任担当、问题解决、创意物化等方面的意识和能力，着力培养学生的跨学科综合素质。全国教育大会上习总书记的重要讲话，让我们更深入地思考学生综合素质的培养问题；再次审视《指导纲要》，我们应当将《指导纲要》置于教育改革发展的宏大背景下，置于落实立德树人的根本任务之中。通过认真学习和深入讨论，我们以习总书记在全国教育大会上的重要讲话为纲，对《指导纲要》

进行了深入具体的解读，在解读中进一步提升了对综合实践活动课程的价值愿景和目标的认识。我们认为应当从理论和实践相结合的角度，帮助教师提高对综合实践活动课程的理性认识，提高综合实践活动课程设计和组织实施的能力，从而全面提升综合实践活动课程的品质，增强学生的综合素质。为此，我们决定组织编写一套关于中小学综合实践活动课程的指导丛书。

值得重视的是，习总书记在讲话中，进一步明确了党和国家的教育方针，提出要努力培养德智体美劳全面发展的社会主义建设者和接班人，并强调“要在学生中弘扬劳动精神，教育引导学生崇尚劳动、尊重劳动，懂得劳动最光荣、劳动最崇高、劳动最伟大、劳动最美丽的道理，长大后能够辛勤劳动、诚实劳动、创造性劳动”。2020 年 3 月 20 日，中共中央、国务院发布《关于全面加强新时代大中小学劳动教育的意见》（以下简称《意见》），对新时代劳动教育做了顶层设计和全面部署，明确提出要充分发挥劳动的综合育人价值。劳动教育已是教育方针的重要组成部分，已纳入德智体美劳全面发展的教育体系和更高水平的人才培养体系中。2020 年 7 月 7 日，教育部印发了《大中小学劳动教育指导纲要（试行）》，明确规定将劳动教育纳入大中小学必修课程，以全面提高学生劳动素养，使学生树立正确的劳动观念，具有必备的劳动能力，培育积极的劳动精神，养成良好的劳动习惯和品质。无疑，劳动教育必须落实在课程中。

当然，《指导纲要》对劳动教育的目标、要求和内容等有明确具体的要求，《意见》发布后，我们还必须从教育方针的高度，对劳动教育进一步增强、充实，提升其意义。为此，丛书还要通过对《指导纲要》的解读，进一步将综合实践活动与劳动教育结合起来，以劳动教育为重点，凸显劳动教育的统领性。这样，指导用书的方向更鲜明，关系更明晰，更具时代感。

加强劳动教育与综合实践活动，培养学生的综合素质，是国际基础教育课程改革的共同走向。我们必须有更开放的胸怀，更宽阔的视野，尊重和吸纳国际课程改革的理论与经验，丰富自己。与此同时，我们又必须将劳动教育与综合实践活动课程的设计、实施、资源开发等，深植于中华传统文化中，扎根中国大地，体现新时代中国特色和中国经验，从书名称中的“新时代建构”体现的正是这一价值定位和追求。

综合实践活动是落实立德树人根本任务的课程形态、具体途径和实现方式，丛书的根本目的是探索综合育人、实践育人、活动育人的规律和特点，其目标是指导教师创造性地落实《指导纲要》，以学生为主体，以变革学习方式为重点，培养学生的创新精神，增强想象力、实践力、创造力，让学生在综合实践活动中站立起来，为培养时代新人夯实基础。

从育人这一根本目的和任务出发，我们又确定了丛书编写的原则：既要提升认识，又要指导实践，两者要结合好、融通好，而且要解读准，说得明，指导得具体、切实；既要整体设计，又要突出重点，整体设计在于有框架意识、宏观思维，突出重点在于让教师把握要点，以求突破，形成特色；既要指导中小学教师设计、开展综合实践活动，又要有利于教研、科研等方面的专家拓展理论视野。根据编写宗旨与原则，丛书基本形成了科学、有用、亲切、有趣等特色。

为了达到预期的效果，编委会邀请张华、柳夕浪等知名专家、学者担纲，以提升丛书的权威性、科学性，搭建一个更高的平台，在更高层次、更大范围内进行对话。丛书共有十册，分别为：《〈中小学综合实践活动课程指导纲要〉解读——44个问答》，柳夕浪主编；《综合实践活动课程的国际视野》，张华著；《综合实践活动课程的理论视野》，张紫屏著；《考察探究与设计制作》，高振宇、包新中著；《社会服务与职业体验》，杨燕燕、仲建维著；《数字时代的创造性学习——创客教育理论》，钱旭鸯著；《数字时代的创造性学习——创客教育实践》，谢作如、刘正云、张敬云著；《综合实践活动课程的评价与管理》，戎庭伟、张馨月编著；《原来就在你身边——综合实践活动课程的资源开发》，张晓东、杨健主编；《创造一个分享的世界——综合实践活动课程案例集锦》，夏心军、成尚荣主编。

非常感谢河北教育出版社领导和编辑的重视、支持和辛勤工作，他们的视野、创意、品质、作风值得我们学习。尤其要感谢张辉副总编辑、特约编辑高力夫、地方教材编辑室主任何春雅以及各册责任编辑，他们为本套丛书的出版付出了诸多辛劳。

综合实践活动课程是国家课程，对培养有理想、有本领、有担当的时代新人，让他们成为社会主义的建设者和接班人，有着重要的价值、意义，相信这套丛书对推进综合实践活动课程的实施，推动劳动教育，会发挥积极的作用。

成尚荣

2020年7月

目　录

第一编　综合实践活动课程评价概述

第二编　四种活动类型的课程评价

第三编　评价的应用与课程的管理

第一编 综合实践活动课程评价概述

第一章

基于素养提升的综合型评价

教学评价是连接理念与操作两个层面的核心问题，是课程实施的“中枢神经”。综合实践活动课程以知识的运用、生成、创造、再运用为运行机制，着眼于发展学生的综合素质。如何建立一套行之有效的评价体系，发挥评价在综合实践活动课程中改进、反馈与成绩报告的功能，成为提升学生综合素质、促进综合实践活动课程发展的关键性议题。因此，本章基于发展性、表现性、多元性和公正性的评价核心理念，提出综合实践活动课程的总体评价思路，澄清了评价的目标、内容、过程和结果的建构与呈现方式，初步回答了综合实践活动课程评价的基本问题。

第一节　综合实践活动课程评价的内涵

正确理解综合实践活动课程的内涵与特点，把握综合实践活动课程评价的目的与定位，摆正教师在综合实践活动课程中的角色，是开展综合实践活动课程评价的基本前提。

一、什么是综合实践活动课程

《中小学综合实践活动课程指导纲要》（以下简称《指导纲要》）提到，“综合实践活动是从学生的真实生活和发展需要出发，从生活情境中发现问题，转化为活动主题，通过探究、服务、制作、体验等方式，培养学生综合素质的跨学科实践性课程”。

20世纪下半叶，为什么会在世界范围内出现类似综合实践活动的综合课程？课程的这种变革背后，其实凸显的是从学科课程到综合课程的转变趋势，从更深层次的根源来说，它反映了世界范围内培养学生核心素养这一育人范式的转换。

有研究者分析了欧盟核心素养框架与美国的21世纪技能框架，认为二者“在具体提法或细目上有所不同，但可以看出其存在鲜明的一致性：并非抛弃或拒绝原有的传统学校学科课程，而是将其作为核心素养或技能的基础；同时，由于核心素养或技能具有强烈的统整性、可迁移性和跨学科性等特质，整个学校课程出现从基于学科知识的学科课程到基于核心素养的综合课程的转变趋势”[1]。

综合实践活动课程对于培养学生的核心素养来说，具有得天独厚的

[1] 李树培：《综合实践活动课程核心素养与评价探析》，《全球教育展望》2016年第7期。

条件和优势。“综合实践活动课程真正的学习内容是学生基于自己的生活经验、兴趣而生发的探究问题或主题。作为对传统学科课程的补充与超越的综合实践活动课程，其着意培养和聚焦的学生素养必然是跨学科的、综合的、统整的。”[1] 所以，核心素养的培养需要综合实践活动课程来实现，二者具有天然的蕴涵关系。

与学科课程类似，致力于培养学生核心素养的综合实践活动课程也需要评价来改进与完善。“由于核心素养或技能所具有的统整性、跨学科性、情境性和内隐性等特点，特别是核心素养包含着大量非认知性的隐性知识、情感态度价值观层面的要素，核心素养的评价显得愈加艰难和重要。”[2] 相应地，“学生在综合实践活动课程中要发展哪些核心素养，如何观察、评定与促进学生的核心素养发展等关键评价问题，亟须在核心素养成为整个基础教育框架焦点时被重新审视与充分研究”[3]。这就需要首先理解综合实践活动课程要发展核心素养的特质，并基于这些特质推衍出综合实践活动课程核心素养评价的风格与特质。

课程评价是判断课程活动价值、改进课程实践、促进整体发展的过程。这一过程的实现，取决于一个衡量价值的尺度。价值的真正尺度，一般来说是不可能有争论的。然而，任何评价难免引起争议，争议的程度与效果不仅取决于“尺度”的合理性和公正性，更取决于运用这些“尺度”所要回答的有关价值判断的问题。

为了澄清价值判断，确定评价尺度，首先要给出我们对评价对象的理解方式，以及基于这种方式所引申出的对其评价方式的理解。我们认为，综合实践活动课程具有以下几大特质，这几大特质决定了其评价的开展具有自己独特的风格。

第一，整体综合性。可以从三个对象来理解：一是人的整体性，作

[1] 李树培：《综合实践活动课程核心素养与评价探析》，《全球教育展望》2016 年第 7 期。
[2] 同上。
[3] 同上。

为学习者的教师和学生，具有丰富的思想、情感、态度、价值观，是一个整体的人，而非单向度的人。二是世界的整体性。世界是一个整体的世界，个人、社会、自然是彼此交融的有机整体，学生的个体生活和社会生活也是一个整体。三是课程的整体性。综合实践活动是一门整体综合课程，考察探究、社会服务、设计制作、职业体验等活动方式与实践领域，也是整合的。整体综合性要求在设计评价指标体系时，要做到评价的维度全面，维度之间要彼此关联，构成一个严密的体系。

第二，实践探究性。综合实践活动基于学生的现实生活，以自身生活和社会生活为出发点进行探究与实践。同时，综合实践活动课程以“活动”为主要展开形式，在探究、体验、动手实践中完成主题活动的资料搜集、问题分析及解决等过程，并“注重学生对问题研究的过程以及研究过程中思维训练和方法运用”[1]等方面的评价。实践探究性要求综合实践活动课程评价主要以活动为对象，以活动过程与结果为评价的主要着眼点，它区别于传统的知识评价、技能评价等专注于结果的评价方式。

第三，合作性。综合实践活动强调学生的合作意识与能力，关注学生在实践活动中的相互交流、相互配合、共同探究及经验分享，因此，综合实践活动的开展需要较高程度的合作性。合作性要求综合实践活动课程评价应该兼顾小组评价与个体评价，以小组为评价的基本单位，个体评价则要在小组内部进行。

第四，开放性。开放性包括两方面内容：一是学习过程具有开放性。综合实践活动强调世界是开放的，是学生在自然和社会生活中发现问题与自主探究的过程。二是课程资源具有开放性。学生可以从自然和社会生活中挖掘可利用的各类资源，需要具备发现活动资源的意识以及发掘活动资源的能力。开放性要求评价时注重学生活动过程的完整性以及适度的变化性，还要注重学生对活动资源需求的洞察力以及获取和利用能

[1] 钟启泉、崔允漷、张华主编《为了中华民族的复兴，为了每位学生的发展：〈基础教育课程改革纲要（试行）〉解读》，华东师范大学出版社，2001，第5页。

力。在活动过程的展开与深入过程中，能够根据研究所需获取各类资料，使活动过程持续深入下去。

第五，生成性。生成性可以从两个方面来理解：一是答案的生成性。综合实践活动中问题的答案与探究的结论往往由学生自己得出，而不是由教师提供结论和标准答案，尽管有时它们与正确答案有一定距离，但这是学生的探究结果，是学生亲历体验得出来的结论，也是具有一定价值的，可以继续探究下去直至获得合理的答案。二是问题的生成性。一个问题的解决通常不是意味着一个问题的结束，而往往是生成了更多新的、更为深刻的问题，让之前的研究逐步走向深入。所以，学生在问题解决的过程中，是否产生了新的、更好的问题，可以作为他们研究是否成功的参考之一。生成性要求在课程评价时，既要注重学生已经完成了什么，又要考虑学生有了哪些新的发现，兼顾“已知”与“未知”乃至“可知”三者之间的内在关联。

从以上五个角度来说，综合实践活动可以比拟为学生的游戏活动，体现了游戏精神。“游戏不仅仅是幼儿的专利，其具有体验性、主体性和综合性等课程价值，与综合实践活动的价值取向有着内在的契合。”[1] 其核心理念在于把教育的对象变成自我教育的主体。

二、综合实践活动课程评价的原理

综合实践活动课程中的知识观是一种整合性知识观，它不同于当下学校教育中仍占主导地位的分科课程的知识观。“知识虽然在官方课程大纲或指南中被人为地‘孤立’出来，但是在实践中，各种知识则是相互交织，需要融会贯通的。只有在学校教育中，才会用诸如‘课程’‘学科’等词语对知识进行大类分割。我们并不想模糊学科之间的界限，但是我们坚持认为在这个数字化时代，当学生运用知识解决重大问题的时

[1] 张薇薇:《游戏式综合实践活动教学模式研究》，摘自“2006 年第十届全国教学论学术年会”会议交流论文，重庆，2006。

候，他们必须把深入的学科专业知识和各种跨学科知识有机结合在一起。”[1] 跨学科、实践性课程正是综合实践活动课程的本质规定性。

综合实践活动课程中知识的跨学科整合性、实践应用性的特点，要求我们采用一种新的评价理念。“我们需要将重心从如何评价学生习得的知识，转向如何使用各种评价方式去发现学生在特定的文化背景下如何使用和创造知识，去评价学生个体和群体的学习成就。”[2] 换言之，综合实践活动课程评价的重心发生了转移，从评价学生获得既定知识的效能，转向评价学生综合运用知识、进行知识创新和问题解决的多方面能力或素养。同时，“时代的发展促使我们重新思考评价的本质和特征：评价将不再仅仅是对知识习得的测量，它更应该包含对学习过程的关注——学习者在学习团体内的参与和投入程度以及他们利用科学技术创造知识的能力。”[3] 所以，在评价的对象与重心上，都发生了重要的转变，从习得已有知识到运用创造知识，从关注学习结果转向关注学习过程。

事实上，“评价的演变与人们对知识习得的认识发展几乎步步相应，任何评价的理论基础都可以追溯到相关的知识习得理论”[4]。传统的评价理论体系认为，考试与学习测量具有重要价值，所以它们在过去的两个世纪中一直为文凭的颁发和人才的选拔充当“门卫”和“筛网”的角色。“广义而言，评价体系反映的是心理测量学的传统，将能力视为一种可以测量的内在特质。这一评价的测量观根据学生在所谓具有代表性的正态分布曲线上的位置，将学生基于能力加以区分。不同能力的学生被分到不同的班级学习不同的课程体系，或者被分到不同事业发展路径（学术研究或职业发展）的班级。这一心理测量观受到了一部分人的质疑，而社会文化观的出现正是对这种测量观的挑战。基于社会文化论的评价观

[1] [澳] 瓦伦缇娜·克兰诺斯基、克莱尔·怀亚特-史密斯：《教育评价——标准、评判和调整》，沈蕾译，江苏凤凰教育出版社，2016，第 193-194 页。
[2] 同上书，第 195 页。
[3] 同上书，第 214 页。
[4] 同上书，第 4 页。

认为学习和评价是在特定情境下发生的，教师和学生双方在评价中的作用和力量都不容忽视。换言之，学习被视为文化活动的参与过程。参与成为互动的核心，课堂的学习活动和相关评价活动为参与或学习提供了机会。参与者的学习体验取决于两个因素：参与者本身和参与的本质，即通过参与活动来执行课程要求。”[1] 新的学习论从社会文化的视角出发，赋予学生集体学习和参与新的意义，教师和学生在评价中的角色随之改变，重视师生间及学生间的互动。正是通过沟通和参与的社会行为，师生得以共建和重构知识体系。

表 1–1　评价发展的三种类型[2]

时间	学习观	主要模式	评价方式
过去	• 知识的习得和传承过程 • 灌输的知识包括学科知识及其描述	• 独白式 • 教师为主体 • 灌输和教导	• 笔头考试 • 正确答案 • 测量习得的知识量 • 答案是教学内容的反映
现在	• 在学习共同体中通过参与共同构建知识以及“建立个人意识”的过程	• 对话式 • 学习共同体中的参与	• 行为表现测评 • 证据为个人意识的建立和意义的形成
将来	• 知识创造过程 • 个人或者集体通过科技辅助构建知识，开发新材料、新产品和新概念	• 三元交互 • 信息与通信技术辅助 • 数字化学习环境	• 协作式、生成式 • 创造、开发新材料和新的解决问题方案 • 对学习的批判和反思 • 使用信息与通信技术的真实的任务

以学习的知识习得隐喻为指导的教学，侧重于知识的灌输和教导，教学方式是教师为主体的“独白式”，是典型的教师“一言堂”形式。与之相应的评价关注的是学生所掌握的知识量，评价形式是典型的笔头考试，正确答案就是课堂教学内容的反映。

目前流行的学习观视学习为参与过程，学习者在学习共同体中通过

[1] [澳] 瓦伦缇娜・克兰诺斯基、克莱尔・怀亚特 - 史密斯：《教育评价——标准、评判和调整》，沈蕾译，江苏凤凰教育出版社，2016，第 42 页。

[2] 同上书，第 42 页。

参与共同构建知识以及“建立个人意识”，教学方式更多地呈现出“对话式”特征。与学习的参与观相应的评价偏重行为表现测评，注重个人意识的建立和意义的形成。根据莱夫和温格的观点，新的学习者从共同体的“边缘”开始，随着参与的增多和理解力的增强，逐步向共同体的“中心”靠近。麦考姆和墨菲解释道：“互相理解”或“主体间性”源自“参与”以及“随之产生的身份和角色的转变”。如果将学习视为身份角色的转变和进入实践共同体的文化适应，那么知识必须在情境中习得。换言之，学生为了获得知识而参与的各种学习活动以及相关评价活动，是学习和认知不可或缺的有机组成部分。基于这一观点，学生之间应该通过制定主体间性的目标通力合作，共同解决问题。当学生进行小组学习活动时，他们对学习活动或任务进行分析，找出任务重点，然后齐心协力攻破重点，实现主体间性的目标。[1]“通过参与、通过教学和评价、通过增进与其他学习者之间的关系来改变自己的身份和角色，最终成为学习共同体的一分子。因此，根据学习的社会文化理论，评价不能脱离被评价者的历史、社会和文化背景，这些背景对他们价值观、信仰、世界观的形成，以及他们身份和地位的建立都有显著的影响。”[2]

学习的知识创造这一隐喻关注的是知识构建以及特定文化背景下新概念、新产品的开发。与之相应的评价注重在真实、协作的背景下借助科技辅助开发的新概念、新产品，通过社会互动生成知识。评价任务包括通过合作找出解决问题的方案，以及运用创新技能和三元交互方法生成知识。[3] 在此借鉴“三元交互学习论”这种新的学习认识论，将学习视为“知识创造的过程，人们借助中介协作开发共享对象的过程”。从这一认知角度出发，学习不仅仅是已有知识的融合和回顾，也不仅仅是常规实践的参与，它更是知识的创造和表达过程。未来的评价理论就是基于

---

[1] [澳] 瓦伦缇娜·克兰诺斯基、克莱尔·怀亚特-史密斯：《教育评价——标准、评判和调整》，沈蕾译，江苏凤凰教育出版社，2016，第 48-49 页。

[2] 同上书，第 44 页。

[3] 同上书，第 217-218 页。

这种学习理论，认为知识的进步在科技的辅助下将更具协作性，这尤其适用于以知识创造过程为核心的知识社会。面向未来的评价注重的是在特定文化背景下个人或者集体进行知识的构建、发现和创新以及新材料、新产品和新概念的开发。

关于教师与教育评价的关系，有观点认为："其一，高质量的评价要求教师拥有良好的评价素养；其二，教师是发动高需求的评价改革的主体。"[1] 在此，对教师素质提出了要求，教师素质决定着教育评价质量，"教师的评价素养指教师应该具备全面的技能和理解力来设计高质量的评价任务，并使用评价标准和评价证据来辨别、监控和促进学生的学习，评判学生完成任务的质量"[2]。同时，也提出教师是教育评价改革的重要媒介或主体，是教育评价变革的重要推动力。对于教师来说，"评价变革最为关键的是对于评价理念与评价功能之本质精神的认识"[3]。教师需要理解教育评价变革的动因及其背后的知识论原理，洞察评价内容与标准变化背后的学生观发展，并有将这些理解转化为评价实践与教学改进的策略性思维。

为了强调教师对于教育评价的重要性，研究者进一步明确表示："教师是保证高质量评价的核心。当代教师的任务不再囿于建立传统的师生课堂教学关系，我们主张课堂教学实践的改革，提倡教师引导学生参与到教学中去，不仅学习课程知识，而且学会如何自我辨别质量。正是通过参与优秀教师设计的各种课堂实践活动，学生提高了他们的分析能力、创造力，学会了利用新的科技去创造知识。"[4]

[1]［澳］瓦伦缇娜·克兰诺斯基、克莱尔·怀亚特 - 史密斯：《教育评价——标准、评判和调整》，沈蕾译，江苏凤凰教育出版社，2016，第 1 页。
[2] 同上书，第 2 页。
[3] 李树培：《综合实践活动课程核心素养与评价探析》，《全球教育展望》2016 年第 7 期。
[4]［澳］瓦伦缇娜·克兰诺斯基、克莱尔·怀亚特 - 史密斯：《教育评价——标准、评判和调整》，沈蕾译，江苏凤凰教育出版社，2016，第 221 页。

第二节　综合实践活动课程评价的理念

综合实践活动课程评价经常存在以下问题:“有实践，没有探究”“没有问题意识的形成”“有活动，没有研究”“学生的主体意识还是跟不上”“有学生之间的活动相互配合，也有学生与教师之间的活动配合，但是没有学生的真正合作和学习共同体的形成”等。教师需要采取“以过程评价为尺度”，但是过程性评价不等于不要学生学习和探究的结果，不等于只重视“形式”评价，“重过程”不等于“走过场”，忽略对学生内容的评价，不去进行学生的问题意识形成和解决问题能力的评价。[1]

综合实践活动课程从学习内容开始就要基于学生自己的生活经验、兴趣而产生出探究问题，并根据问题形成探究的框架和思路，超越传统学科、补充传统学科，开展跨学科、综合性的实践活动。因此，综合实践活动课程评价和传统学科课程评价的理念有所不同，它的基本理念应包含以发展学生的综合素质为宗旨、以完善学生的活动过程为目标、以学生的真实学习情况为依据、回应个体特殊文化、坚持评价的公正性等内容，具体体现在以下四个方面。

一、发展综合素质——发展性评价

“质量”和“进步”是教师在评价学生的学习成果时使用的两种不同的观念。前者属于质量仲裁标准（成功或优秀的基准），后者是里程碑式标准（进步或提高的目标）。

应试教育不仅是一种以重复训练为主的教学模式，还有一套以统一

[1] 王中华:《当前综合实践活动评价的问题、原因与对策》,《教学与管理》2014 年第 6 期。

教材、标准答案为依据并且唯分数的评价制度，从而形成一种大一统、高控制、高竞争的制度模式。对于应试教育愈演愈烈的原因解释，在驳斥了常人所认为的高考指挥棒、文化传统、独生子女政策、就业竞争等因素后，杨东平认为“如同中国社会的各类问题一样，解决这一病态现状的关键是政府行为。……在教育领域，地方政府对教育‘GDP’（升学率、北清率）的攀比和竞争是应试教育最主要、最根本的推动力”[1]。综合实践活动课程与应试教育的学习方式截然不同，同时也从根本上改变应试教育的学习方式，它以发展学生的综合素质为根本宗旨，将教育的价值观从社会外部转移至学生发展内部，将学生多元素质与综合能力的提升视为应对社会挑战、解决社会问题的基本手段。

“在教育领域之外，评价任何人类活动都不可能仅仅依赖于一次决定命运的外部测试成绩，尤其这是闭卷笔试，受试者必须在高度的精神压力下，全凭记忆完成。这样的悖论缘于新的评价理念的缺失。”[2] “对于将学生放在中心位置的教育来说，那些用来评估由外部规定的课程和外来目标实现情况的标准化测验是明显不合适的。”[3] 传统纸笔测试反映不了学生在真实情境中运用已有知识做事的能力以及完成任务的过程表现，传统纸笔测试评价学生侧重于“知道什么”，而综合实践活动课程评价应侧重于学生“能做什么”；传统纸笔测试更加注重结果评价，而综合实践活动课程评价关注的是学生实际表现及学习历程；传统测试更多关注的是某个学习领域、某方面能力的评价，而综合实践活动课程是对学生综合运用已有知识进行实际操作和表现能力进行较为全面的评价。

教育评价应该重合作而轻竞争。芬兰教育界认为学校教育应该要多强调合作，让学生多多透过合作来学习，不强调要孩子去竞争，而把关

[1] 杨东平:《重新认识应试教育》,《北京大学教育评论》2016 年第 2 期。

[2] [澳] 瓦伦缇娜·克兰诺斯基、克莱尔·怀亚特 - 史密斯:《教育评价——标准、评判和调整》，沈蕾译，江苏凤凰教育出版社，2016，第 3 页。

[3] [美] 帕梅拉·博洛廷·约瑟夫等:《课程文化》，余强译，浙江教育出版社，2008，第 100-101 页。

注焦点集中在教导孩子拥有足够的能力，孩子的“竞争力”就会自然产生。[1]芬兰基础教育没有标准化考试，学生评价一直以引导和鼓励学习、促进学生成长、进步及能力和习惯养成为根本目的，并注重培养学生的自评能力。芬兰教育者认为，考试是对学生后续学习的帮助。根据我国的新课改理念，在今后的学校教育中，学生的学习过程与结果不能过多地由教师或他人来评价，而应更多地发挥学生自评作用。学生学会自评的过程，本身就是一种增强学习能力的过程。能力不是通过竞争发展出来的，而是通过合作得以养成。“内功”养成后，孩子就能不战而胜乃至“战无不胜”。

在这里，我们不否认每一种评价方式存在的价值和意义，但对于教师选择评价方式提出了更高要求。教师需要从多个方面进行考量。尤其是当综合实践活动课程这种优于应试考试课程的模式出现时，传统的考试模式就不再是综合实践活动课程评价的唯一方式。如何更好地促进学生增强学习能力，采用新的评价方式进行评价就成了关键。

综合实践活动课程评价是与传统学科课程的数量、结果评价完全不同的，它突出对于学生学习过程的评价，主张评价不是目的，只是改善教师指导和学生学习的手段，多关注，少评价，还学生应有的时空。综合实践活动课程评价倡导新的评价理念——“以评促学、以评促发展”，即发展性评价理念。“不但要通过评价促进学生在原有水平上的提高，达到基础教育培养目标的要求，更要发现学生的潜能、发挥学生的特长、了解学生发展中的需要、帮助学生认识自己建立自信，不以评价给学生划分等级”[2]。发展性评价理念秉持三大原则：一是立足现在，面向未来；二是依据目标，重视过程；三是主动参与，制订计划。

综合实践活动课程评价要坚持激励性原则，激发学生参与评价的积

---

[1] 陈之华:《芬兰教育给教师和父母的45堂必修课》，中国青年出版社，2010，第37页。
[2] 靳玉乐、张家军等编著《综合实践活动课程评价手册》，西南师范大学出版社，2017，第9页。

极性。评价指标体系的设计必须考虑给予学生尽可能多的获得肯定和鼓励的机会，运用“无错原则”[1] 来理解、宽容、善待学生的失误和弱点。[2] 综合实践活动课程评价应当是建立在“为学习而评价”的评价理论和模式的基础上的评价体系。“为学习而评价”是形成性评价模式的优化，从 21 世纪初成为重要的评价范式后，它“将教师和学生活动中那些能够为改进教学行为提供反馈信息的所有活动都作为评价的内容……从而判断学生在学习中学到了哪儿，学到了怎样的程度，并且明确学生接下去的努力目标，拟定怎样达到新的学习目标的方式方法”[3]。“律法的目的不在于实际地实施它，而在于用来激发研究——不是去做评价，而是去研究评价。施瓦布认为，测试和评价的目的不在于借此处罚学生，而应该借此激发学习。”[4] 教育评价的目的在于激发学生的学习兴趣，完善学生的学习过程。

综合实践活动课程评价要坚持综合性原则，注重学习活动的整体性，重视对学生的知识、能力、观念、情感、兴趣等进行全面、综合的评价。评价内容要兼顾认知、情感与动作技能等各个方面，要综合考虑各评价主体的需要和各种方法的综合运用。[5]

在新一轮的基础教育课程改革中，我国学者立足学生主体提出促进学生全面发展的评价体系。在综合实践活动课程的评价体系中，评价不仅要促进被评价者达到学习目的，更需要注重发展他们的综合素质。这

[1] 所谓“无错原则”，就是要用科学的态度去认识、接受和处理学生在成长和学习过程中出现的各种问题和所谓的“错误”。它并不是无谓的宽容与放纵，不是对学生的缺点和问题置之不理，而是重新调整对学生的期待，容忍、尊重学生之间的差异，是换一个角度来看问题，重在建设性解决问题，促进学生的发展。——编著者

[2] 靳玉乐、张家军等编著《综合实践活动课程评价手册》，西南师范大学出版社，2017，第 15-16 页。

[3] Dylan William, “What is Assessment for Learning,” *Studies in Educational Evaluation* 37, no.1 (2011): 3-14.

[4] [美] 艾伦・A. 布洛克:《〈塔木德〉、课程和实践：约瑟夫・施瓦布和拉比》，徐玉珍、林立译，教育科学出版社，2011，第 129 页。

[5] 靳玉乐、张家军等编著《综合实践活动课程评价手册》，西南师范大学出版社，2017，第 17 页。

种评价以促进学生的发展为导向，具有很深的哲学和社会背景。“可以说发展学生的主体性是社会发展的需要，是时代精神的召唤，也是教育教学改革的必然。”[1] 泰勒在他的“八年研究”中提到，评估隐含两个方面，除了评价学生的行为，还有就是“评价应该包括在任意一段时间内做的一次以上的评价，有必要在早期进行一次评价，然后在晚些时候再评价一次，以确定变化是否已经发生”[2]。美国教育评价专家斯克利文提出了诊断性评价、形成性评价和终结性评价，但他更注重通过形成性评价的评价方式改善教学方案和及时修正课程计划。

综合实践活动课程评价中的评价方式不是简单地对被评价者进行比较，或者根据被评价者的某一行为做一个精确的结论或者评定一个等级、分数等。在综合实践活动课程开展过程中，教师应该注意到，在评价阶段不仅需要了解评价对象目前的状态，还需要了解评价对象过去的状态，并根据前后的状态进行分析和比较，促进其在原有水平上的发展，进而达到综合实践活动课程实施的目标。所以这个评价过程并非综合实践活动课程的某一个环节，而是贯穿于整个综合实践活动课程开展的始终。这也意味着在评价阶段对教师提出了比传统课程更高的要求。

二、完善活动过程——表现性评价

施瓦布认为，我们的考试和评价程序已经被化约为“影子的影子的影子”[3]，这些测试对促进学生发展完全没有用。[4] 如何让评价走出“阴影”，转而面向实物本身，是一个值得深入探究的问题。表现性评价方法就是以学生的真实操作活动为基础，采用客观的标准来实际观察学生的

[1] 刘志军:《走向理解的课程评价》，中国社会科学出版社，2004，第 119 页。
[2] [美] 拉尔夫·泰勒:《课程与教学的基本原理》，中国轻工业出版社，2014，第 113 页。
[3] “影子的影子的影子”，是指想要测评出的对象与实际能测评出的对象之间存在三级落差关系，后者往往成为前者的“影子的影子的影子”。——编著者
[4] [美] 艾伦·A. 布洛克:《〈塔木德〉、课程和实践：约瑟夫·施瓦布和拉比》，徐玉珍、林立译，教育科学出版社，2011，第 114 页。

真实表现，期待这种评价方式让我们能更接近学生的发展现实本身，而非发展现状的“影子的影子的影子”。

一般来说，学校教育活动体系是由教育目标系统、课程系统、教学系统和管理评价系统组成的。[1] 这四个系统之间相互作用，管理评价系统既是对一次教学活动的效果评估，又是对下一次教育目标确定的信息反馈，从而间接影响着学校的课程系统以及教学系统。对于学生综合实践活动课程的学习而言，评价活动对于学生完善学习目标、调整学习过程、选择学习策略等，都起着重要的反馈作用。综合实践活动课程评价以发展学生的综合素质为宗旨，这就要求学生在开展综合实践活动课程时掌握主体学习的方法，引发、维持、提高学习的欲望，以积极、热情的态度主动参与整个学习过程。随着综合实践活动的不断开展，学生对世界的认识和体验不断加深，新的感悟能力不断形成，从而重新构建原有知识结构，形成螺旋式认知发展。教师在综合实践活动课程的开展过程中应关注到评价对象在整个过程中的多方面的表现。活动前，教师根据综合实践活动课程的总目标和本次活动的子目标，及时收集和保存评价对象当时状态的评价要素。活动过程中，教师根据活动不同的阶段和所要发展的学生素养的关键要素，进行资料的收集和保存。对于在综合实践活动的各个阶段需要发展的关键要素不容忽视。

将评价整合于教学之中，把评价作为一种挖掘潜能和提高素养的契机。在系统中诠释评价，发挥评价的双重功能：“我们着眼于评价标准—学习—教学—评判—调整的交会处。我们视其为一个可以重新诠释评价的新视野。其中我们可以明确评价的双重目标，即促进学习以及确定或者评判质量。”[2] “在以问责为驱动的体系中，课程、教学法与评价的实施相互协调一致，是提高学习能力、促进学习者参与的主要策略。”[3] “事实

[1] 王道俊、郭文安主编《教育学（第 6 版）》，人民教育出版社，2009，第 130 页。

[2] [澳] 瓦伦缇娜·克兰诺斯基、克莱尔·怀亚特 - 史密斯：《教育评价——标准、评判和调整》，沈蕾译，江苏凤凰教育出版社，2016，第 1 页。

[3] 同上书，第 2 页。

上，这三者之间的协调一致，或者更精确地说，它们之间的一致程度是教育质量的标志，是教—学动态过程的核心所在。教师在评判中必须充分考虑到学习者、学习过程和评价之间的关系，三者缺一不可。”[1] “在所有这些评价活动中，有一点是清楚的，即课程实施的过程比课程内容更加受到重视，因为真正的学习是通过过程发生的。”[2] 重过程可以从学生的起点看学生的进步。

综合实践活动课程评价可以选择问题解决为导向的评价方法，这种方法在很大程度上可以帮助学生在综合实践活动课程中启发问题解决的思维。以问题解决为导向的评价在很大程度上可以直观地反映学生综合素质的发展情况，因为通常问题解决所涉及的是诸多方面能力的集合，而学生需要运用多方面能力，并将其综合后才能达到解决问题的目的。

问题解决为导向的评价方式可以在目前的评价体系中，最大限度地展现学生为主体的理念。以问题解决为导向的评价方式不是一种单独的评价方法，也不是一种新近提出的评价方法，它强调的是一种评价理念，根据具体问题选择最适应于学生发展的评价方法才是它的真谛。在评价过程中，问题解决为导向的评价方式像“液体”一般在各个评价方法中流淌，直到寻找到最适应于它生存的“场所”，也可以说这种评价方式具有明显的情境性。问题解决为导向的综合实践活动课程评价要求教育研究人员或者教师选择评价策略时，不被“定性”或者“定量”评价所制约。我们应该知道：“尽管教育研究人员或者教师往往会被‘定性’与‘定量’方法所束缚。这是一个错误的二分法。评价的方法在很大程度上取决于问题本身。”[3]

---

[1] [澳] 瓦伦缇娜·克兰诺斯基、克莱尔·怀亚特 - 史密斯：《教育评价——标准、评判和调整》，沈蕾译，江苏凤凰教育出版社，2016，第 6 页。

[2] [美] 帕梅拉·博洛廷·约瑟夫等：《课程文化》，余强译，浙江教育出版社，2008，第 101 页。

[3] Tim McCarthy, “5 Essentials for Effective Evaluation,” *Centre for Education Statistics and Evaluation*, no.5 (2016).

综合实践活动是一个完整的过程，那么在整个综合实践活动课程实施的过程中，必然存在一些普遍的关键要素，所以在活动过程中所收集的评价内容不仅要具有各阶段鲜明的特性，还要具有普遍性。活动后除了要注意收集在过程中所涉及的元素，也要注意与活动开始前所收集的相关素材进行前后呼应。

综合实践活动课程评价要坚持过程性原则，以过程作为评价的价值取向，既是对过程的评价，也是在过程中进行评价。评价指向教育过程本身，关注教育活动的内在价值。[1]有研究者指出，“运用表现性评价，不仅能考查学生知识技能的掌握水平，更重要的是能考查学生运用所学知识分析和解决问题的能力，同时更能评价出学生的综合实践活动能力、创新能力。因而，它完全符合综合实践活动课程的实施理念”[2]。“表现性评价的主要优势在于通过对外在行为表现的分析，评判学习者内在能力或倾向的发展，有助于克服终结性评价方式的弊端。”[3]如何让表现性评价发挥这种功能、突显其独特的优势，始终是个难以解决的实践问题。之所以言其难以解决，是因为背后潜藏着深层的“知与行如何统一”的文化问题。

有论者认为，“美国认知心理学家加涅曾说过，内在的能力和倾向要通过外在的行为表现才能展示出来，通过行为表现也可以推断出所习得的能力或倾向，所以表现性评价对综合实践活动的学生评价具有重要的价值”[4]。这段话中加涅说的“内在的能力和倾向要通过外在的行为表现才能展示出来”是对的，但所“通过行为表现也可以推断出所习得的能力或倾向”却不一定对，因为习得某种行为比较容易，而要领悟行为背后的深层含义，则相对较为困难。一个人可以不理解行为背后的意义，但

---

[1] 靳玉乐、张家军等编著《综合实践活动课程评价手册》，西南师范大学出版社，2017，第13-14页。
[2] 同上书，第10页。
[3] 同上书，第10-11页。
[4] 同上书，第10页。

他仍然可以做出某种行为来，因此很难根据个体的行为本身，推断出他是否已经具备支撑行为背后的能力与素养。我们可以用一分钟教会学生鞠躬（动作），但用一生时间都不一定能教会他学会尊重（素养）。“东施效颦”“邯郸学步”“亦步亦趋”“画虎不成反类犬”这类成语，也在某种程度上提醒我们，行为的发生与行为背后意义的获得是两回事。由此可见，表现性评价在一定程度上存在着学理性危机，它对综合实践活动中学生评价的价值也需要重新审视。

在刘云杉教授提出的“博放教育”中，“看见”成为关键词，既让学生“看见”自己，也让学生被“看见”——在各种数据、评估指标与奖惩维度上显现。“看见”及其背后的可视性与可表现性、可隐藏性成为新的“权力技术”。这一“权力技术”的危险性有两点：其一，在“看见”中，教育者用心的体察与判断的智慧被排斥了，在精确、有效并且有限的数据中，没有了常识、常情与常理的位置。与个体成长的丰富性和微妙性相比较，数据是简洁的，也是粗略的，甚至还是扭曲的，教育中春风化雨般的教化之美扭曲为简单的数据诊断与评价。其二，“看见”是可视的指标，外显与内在有复杂的关系，既可以是量与质，又可以是行为与价值，两者既可能一致，也可能背离。唯有后者，所谓的表演逻辑（“亮点”）与表现主义（量化评估）常僭越其限度，甚至侵入道德领域。[1]

这种现象让我们联想到时下流行的活动类课程的开展状况。我们通过表现性评价来测评学生参与各类活动的学习情况，这种做法的合理性又存于何处？能直接“表现”出来的学习结果，大多是浅层次、价值不大的教学目标；相反，学习兴趣、求知热情、发展自主性、社会责任感等深层次的教育目标，在表现性评价中是不容易直接展示出来的。我们过于注重外在表现，忽略甚至异化了更为持久的内在力量。

那么，我们如何能够走出综合实践活动课程表现性评价的“表现主义”倾向？解决的策略主要有两点：一是评价标准制定的质性化；二是

[1] 刘云杉：《自由的限度：再认识教育的正当性》，《北京大学教育评论》2016 年第 2 期。

侧重于收集质性的评价资料。

三、尊重独特个性——多元性评价

评价实践中人的因素发挥至关重要的作用：一个评价体系所能产生的影响，很大程度上取决于“教师和学生的支配权和运作空间”[1]。综合实践活动课程评价赋予学生和教师、家长和社区、课程专家和社会相关人士以较大的评价权力与空间，充分尊重被评价者的主体性和差异性，切实体现出评价的多元性特征。

综合实践活动课程相较于传统课程，摆脱了教室空间、学校空间的限制，引导学生走出传统的教室，甚至走出学校，在社会中进行学习，这也为多元主体评价综合实践活动课程和学生的发展提供了可能。在活动开展的过程中，其他主体介入课程评价，不仅对课程反思有很好的促进作用，同时对学生的发展也有着重要的意义。“课程系统不是封闭的、一成不变的，而是开放的，课程评价要反映多方的利益和要求。”[2] 如周文叶教授在《中小学表现性评价的理论与技术》一书中所说，这种多元性评价主体的评价若想实现，必须要有一个大多数利益相关者统一的行动过程加以遵循，因为评价涉及多人。评价者应当尊重他人，考虑整体的活动，采用适宜的方式与各个主体之间达到良好的沟通。

综合实践活动课程评价要坚持主体性原则，发挥学生的主体作用，强调以学生自评为主，在评价中不断增强学生的自我意识，不断提升学生的主体性。[3] 综合实践活动课程评价要坚持差异性原则，注意对不同主题活动的差异化评价，使每一个学生通过评价都能得到发展和提高，养

---

[1] [澳] 瓦伦缇娜·克兰诺斯基、克莱尔·怀亚特-史密斯:《教育评价——标准、评判和调整》，沈蕾译，江苏凤凰教育出版社，2016，第 16 页。

[2] 张雨强、冯翠典:《开放题编制的理论与技术研究》，华东师范大学出版社，2009，第 33-34 页。

[3] 靳玉乐、张家军等编著《综合实践活动课程评价手册》，西南师范大学出版社，2017，第 14 页。

成根据反馈信息修正错误的习惯。[1] 主体性原则和差异性原则通常关联在一起，深化主体性原则就是要尊重差异性原则。而要体现这两个原则，必须开展多元性评价，从不同的主体视角、内容范围和方式方法，最大程度上还原学生活动的现实。这主要体现在以下三个方面。

（一）尊重学生的主体性需要开展多元性评价

学生的自我认知与改进是自发的，而不是教师或者外界因素强制作用的结果。学生通过自发的对于知识或者学习能力的追求，进而形成对于自我学习能力的提升。学生发挥自我效能将评价从“作为学习的评价”“为了学习的评价”转向自我评价，充分发挥学生评价在学习过程中的作用，以学生的自我评价为主体，达到完善学生的活动过程的目标。

在综合实践活动课程评价中，教师应该注意到将评价的主体回归学生，将评价的权力归还学生。综合实践活动是学生的活动，更应该由学生进行评价。同时完善活动过程也是依据学生评价进行的，而不是教师天马行空或者按照传统的课程内容进行修正。如今不仅要求评价的主体是学生，而且也要求评价手段走出传统的纸笔测试等诸如此类的方式，让学生真正体会到自我在综合实践活动过程中的价值和意蕴，让学生充分理解这是属于“我”的活动，而不仅仅只是作为活动的参与者。综合实践活动课程的过程评价多是学生对于活动过程、活动环节的反馈和评价，在一定意义上解放了教师在教学过程中的评价者身份，教师可以更好地关注到“教”与“学”本身，还可以在教学过程中更好地对学生进行引导。

在浙江省义乌市某小学开展的综合实践活动课程中，教师让学生自己提出问题、根据问题制订方案、开展活动、形成成果，并由学生进行自评、互评、组内评价等。综合实践活动课程中，学生是主体，在评价的过程中也是同样，而评价的结果则可以完善学生的活动过程。这样的

---

[1] 靳玉乐、张家军等编著《综合实践活动课程评价手册》，西南师范大学出版社，2017，第16-17页。

方式使学生的参与贯穿活动始终，才能说是真正的“儿童的活动”。

在该学校开展的“早食枣，不易老”主题综合实践活动中，在评价内容《做了才知道》一栏，一个学生是这样写的：

> 这次实践中，我们组进行了问卷调查。在制作调查问卷的时候，组长叫我做好了问卷，去发放。这个时候我心里想：平时我见了熟人都不好意思说话，别说叫我跟陌生人说话了，那我就更不好意思了。我和组长说了这个情况，他帮我出了一个主意，说：“你心里想着见了陌生人就像见到自己的亲人一样就可以了。”于是，我用这个方法，果然效果不错。现在我的社交星已经是五星，以后我还要坚持下去。不过我还要改正一个缺点，那就是不爱说话。以后我要在这上面多下功夫，多多加油。

此次活动以学生的自我评价为主体，以问题解决为导向，使评价成为综合实践活动课程的一个部分。学生通过相互交流加深了对于自我能力的认识，能够认识到在这个活动中自己的能力得到了哪些发展和提升。

“综合实践活动课程关注的是学生通过自主探究活动的展开而进行的自我发现与塑造。”[1] 这大概是对这门课程的最高、最精准的定位，让学生通过自我探究进而自我发现、自我成就，这是一种自我技术化的教育形式，也是教育和自我教育的最终形式。

（二）尊重学生的个体差异性需要开展多元性评价

学生的个性差异在学习过程中起着很大的作用，而传统的评价不太考虑学生的个性差异，常常使用统一的标准去衡量所有的个体。但在以发展学生综合素质为宗旨的综合实践活动课程评价中，应尊重学生个性差异，基于学生的个性差异评价其进步的广度、深度和高度。

---

[1] 靳玉乐、张家军等编著《综合实践活动课程评价手册》，西南师范大学出版社，2017，第79页。

第一，学生的个性差异评价可以拓展其进步的广度。学生的个性差异评价应该包含综合实践活动课程实施中学生的生理特点、心理特征、兴趣爱好等各方面不同的特点。教师在综合实践活动课程的实施中不难发现，由于学生的个性差异在不同的活动中各有不同，所以学生在活动开展过程中的表现也有所不同，教师可以依据学生对于活动做出的反应来进行评价。

第二，学生的个性差异评价可以增加其进步的深度。学生的个性差异评价应注意被评价者的发展潜力，学生的发展是具有阶段性特征的。综合实践活动课程评价关注更多的不是对学生横向的比较，而是对学生纵向发展有更多的关照。教师要在了解学生发展水平、程度和层次的基础上对其学习的深度和进步的深度进行评价。但进步的深度和学习的深度是不成正比的，所以要求学生进步的深度并不是要学生学习更难的内容。

第三，学生的个性差异评价可以提升其进步的高度。学生进步的高度是根据学生个体差异进行评价的，依据学生个体的不同采用针对性的评价，这样不仅有助于引导学生进行自我反思性评价，也能很好地关注到学生的体验过程。

（三）项目型课程的实施需要开展多元性评价

世界前沿课程的发展趋势，是从程序型课程向项目型课程发展。程序型课程的开展思路是教师先备课，定好教学目标，然后导入新课、上课、做作业，最后考试。这是线性角度下的学习，“目标—达成—评价”是其基本过程。项目型课程的开展思路是给出一个主题，所有的学科都来进行探究和学习，最后表现即输出。学习的成果要表现出来，每个学生通过表现来表达他的学习，“主题—探究—表现”是其基本过程。

这样的发展趋势反映了从基于文本的学习到基于生活实践学习的转变。现在很多学习都停留于文本，在文本当中思考、反思、发现问题，而缺乏走进真实社会、基于生活实践学习的机会。学生的学习应该置身于真实的情境，以解决真实的问题为主要内容，让学生感受到学习知识是为解决现实生活中的问题服务的。

综合实践活动课程属于典型的项目型课程，对于它的评价应该采用“表现”的方式进行。“表现”于综合实践活动课程而言，既是其评价形式，也是其实施方式，因为它的探究过程与表现评价是同一过程。为此，必须采用多元评价主体与多元评价方法。教师、学生、家长、专业人士等有关社会力量都可能参与课程的开发，所以必须让他们都以某种方式参与课程的评价。

综合实践活动课程是一门多方参与的课程，开展的过程中涉及诸多方面。但在评价过程中我们不能忽略学生为主体的重要性，教师、家长或者社会及社区的参与都是围绕学生为主体展开的。

综合实践活动课程评价过程中，不能单一地用“好”与“坏”来评价学生的操行，也不要简单地用“对”与“错”来评价学生的学习成果，而应当用大系统思维论[1]，从多原因、多结果、多维度来评价学生。

综上所述，概括起来综合实践活动课程评价的多元性理念包括：

第一，评价主体的多元化。评价成员的构成除了教师之外，还应包括家长、学生自己及同伴，甚至是社区人士和其他的活动参与者，多元化的评价主体必定会带来多元化的评价结果，从而使对学生的评价更加客观公正。从传统的教师评价学生的模式中走出来，进行学生的自主评价，学生之间的相互评价，学生家长、活动中社会参与人员的评价等，建立学生、家长、教师、专家、社区人士等共同参与和交互作用的评价制度。

第二，评价内容的多元化。注重对学生综合素质的考查，不仅关注学生对于知识的掌握，更注重学生创新精神和实践能力的培养，以及良好的心理素质、学习兴趣与积极情感等方面的发展。

第三，评价方式和评价工具的多元化。评价方式可以是自评与他评

[1] 简单来说，是指把相对较小的系统放在大的范围中进行观察。——编著者

相融合，把教师与家长的描述性评价、学校管理人员与专家的专题性评价、学生自我的反思性评价及同伴互评的结果相融合；评价工具可以是评价量表、学生自我反思单、档案袋等，建议灵活多样。综合实践活动课程评价的方式更多采用档案袋、表现、成果展示的方式来评价。这种评价方式承认了学生的多元智能，充分肯定学生在活动过程中的积极表现，与传统的定量评价不同，这种评价更加注重定性评价，但其中涉及的定量评价部分也不可忽视。评价方式的多样化为实现评价的公正提供了保障。

四、回应殊异文化——公正性评价

“在以标准参照为中心的课程和评价改革中，学生的参与体现了评价政策对公正的重视，因为这强调了学业成绩是属于全体学生的，教师应该以全体学生的学习提升为出发点开展教学活动。”[1] 尊重主体性、坚持差异性、倡导多元性评价的原则，根本上源于评价的公正理念的要求。评价的实施必须源于公正，涉及社会正义和公正原则，由此评价领域引入了“伦理评价”这一新概念与新思想。

（一）公正性评价是针对当前综合实践活动课程评价中的学生观价值错位和技术取向而提出

综合实践活动课程评价学生观的价值错位，主要表现在两个方面：一是对学生只作为“能力主体”的关注，而边缘化甚至不重视学生作为“道德主体”的存在。评价主体往往一味追寻学生能力的发展，而忽视学生伦理素质的提升；只关注学生的客观行为和结果，而忽视学生的主观需求和情感意识。二是对学生的独特性视而不见。忽视学生独特性、漠视学生的文化差异、无视学生的能力区分以及个性区别等，导致对学生

[1] [澳] 瓦伦缇娜·克兰诺斯基、克莱尔·怀亚特-史密斯:《教育评价——标准、评判和调整》，沈蕾译，江苏凤凰教育出版社，2016，第 16 页。

生命个体伦理关怀的缺失。[1] 综合实践活动课程评价的技术取向，主要表现在三个方面：一是价值无涉；二是目标和手段的置换；三是重视事实判断，忽视价值判断。[2]

伴随着 21 世纪教育评价理论的发展，人们逐渐超越技术理性的认识图景，洞察和意识到了评价中长期隐而不显的伦理问题。综合实践活动课程评价的本质是对学生发展、教师提升和课程改进的一种价值判断活动，进而会产生评价取向是否片面化、评价标准的客观公正性、评价过程的正义问题以及评价结果对评价对象的有无伤害等伦理问题，因此，伦理取向需要整合进综合实践活动课程评价之中。[3]

（二）公正性评价强调多元评价主体的参与，共同协商建构出评价的结果

多元评价主体参与的课程评价有助于呈现完整的行为表现和情感态度等。评价者的多元可以促进多元主体的交流在评价中作用的发挥。例如，美国的学者古巴和林肯所倡导的自然主义评价模式不仅提出了多元评价主体，还提出了共同建构的思想，各评价主体之间平等协商的关系在共同建构中可以更好地表现出来。他们还运用到了解释学的理论，“认为现实特别是价值事实并不是客观的、外在于人的事实，它是人们在与对象交互作用中形成的心理建构物，评价则是多个主体不断建构和再建构的过程”[4]。

如果说让学生参与整个评价的过程，注重学生综合素质发展方面的评价，是呈现了纵向发展的状态，那么多元评价主体参与评价的过程就是一种对学生发展状态的横向展示。纵向呈现是经线、横向展示是纬线，经纬交织才会形成较为立体化的学生形象。因为多个评价者的价值判断标准不同、关注的角度不同，所以会在评价结果中呈现出评价的多样化

[1] 刘志慧、罗生全:《综合实践活动课程评价的伦理考量》,《教育发展研究》2015 年第 20 期。
[2] 同上。
[3] 同上。
[4] 刘志军:《走向理解的课程评价》，中国社会科学出版社，2004，第 150 页。

样貌来。

多元评价主体具有多个不同的层次，例如学生、教师、家长以及教育行政部门、学校、综合实践活动课程专家、参与综合实践活动课程的社会团体等。这些评价者可能会同时出现在一个活动中，或者个别出现，也可能会在活动的不同阶段出现不同的评价者，甚至同一个评价者在活动的不同阶段发挥的作用不同。这就无法避免他们之间可能会产生冲突，出现不同的声音，所以需要各个评价者在综合实践活动课程评价过程中不断协商、磋商，从而达成共识，促进综合实践活动课程评价标准的不断发展和完善。

综合实践活动课程的综合评价，是对于整个综合实践活动而言的，一般在学期末或者学年末进行。教师相较于学生在活动中的直接参与较少，但对于整个活动过程要有一个较为宏观的把握。综合评价还可以有课程专家的参与，这有助于对综合实践活动课程的整体评价进行理论性的指导和总览式的呈现。

综上所述，各评价主体通过多轮的循环讨论，逐渐达成共识，进而达到共同建构。“虽然在很多问题上会出现分歧，但这些分歧成为进一步探究的基础，从这个角度说，共同建构也是求同存异的过程。”[1]

要采用多种方法评估学生，大多数评估方法是非标准化的，是比较“主观”而非“客观”的。所用标准也多是由教师自己或和学生一起编制的，它们以学生当前研究的特定问题为基础，当总结评定学生的综合表现时，关注的侧重点多是复杂的问题解决方式，而不只是最终形成的活动成果。教师编制评价方法时应注意“立足现在，面向未来”。在综合实践活动课程评价开展的过程中需要注重提高学生的参与意识，充分发挥学生参与评价的积极性和主动性。这需要根据学生的特点，制订相应的评价计划，并在计划制订和评价实施阶段使学生自主参与其中。

[1] Egon G. Guba and Yvonna S. Lincoln, *Fourth Generation Evaluation* (California: SAGE, 1989), pp. 151-155.

这种评价方式是一种“人本主义取向”的评价，强调评价的目的在于完整人格的形成，强调促进人的经验发展，增强学生个体的自我观念，并满足学生自我实现的愿望，为学生的自我实现提供可能。同时这种评价方式兼顾了“社会取向”，比如评价内容围绕社会服务、职业体验。根据不同的评价目标、评价内容和综合实践活动课程实施的不同阶段，还包含了行为取向、学科取向、发展取向、认知过程、技术取向等，从而实现评价逐渐走向多元整合的趋势。

（三）公正性评价要求教师包容学生的多元文化，重视评价过程中学生的讨论与表达

教师在实施评价以及挑选评价材料时，不要忽略了“文化价值中性”这一因素。当制定标准和确定测试内容时，确定这是否就是我们需要的知识，或者我们考虑的是否只是要如何维持主流文化。这些问题虽然涉及的是评价的公平和效度问题，但也在提醒我们重视文化差异造成的评价公正问题。公正并非指对全体学生采用“一刀切”的简单措施或者是单纯地追求学习结果的一致。[1]“从公正的角度出发，我们需要考虑的重要因素有评价的选材问题，即应该选择哪些知识和技能作为评价的内容。为了确保公正性，课程需要包括由不同文化团体的知识和经历组成的重要文化知识和技能，从而反映出文化的多元性，避免文化偏颇。”[2]“要保证现场高效度，评价就需要与当时的情境以及学生所属群体的背景直接联系起来。”[3]强调“全体学生都需要有机会展示他们所掌握的知识技能，这就要求教师针对不同地方和区域的学生设计出有效的教学活动和评价任务”[4]。“包容文化的评价并不意味着向不同的文化群体倾斜，而是表明

[1]［澳］瓦伦缇娜·克兰诺斯基、克莱尔·怀亚特 - 史密斯:《教育评价——标准、评判和调整》，沈蕾译，江苏凤凰教育出版社，2016，第 49 页。
[2] 同上书，第 50-51 页。
[3] 同上书，第 51 页。
[4] 同上书，第 52 页。

重视文化差异对学习行为和成绩（比如标准化测试）的影响。”[1]

重视对表达和讨论的优点、意向和态度的评价。表达和讨论是直观体现学生表现的过程，也能表现出学生参与活动的态度等，是一种学生从自身出发的表现形式，能够较为直接地表达学生的优点、意向和态度。同时，表达和讨论对环境和对象有所要求，通常表达可以由一个或者多个学生完成，但讨论一般是两个或两个以上的学生相互之间的交流。学生通过这种表达和讨论的方式建立相互之间的联系，促进交往能力的发展，获得交流与合作能力的提升。通过表达和讨论，教师或评价活动参与者可以了解学生的优点、意图和态度。由于教师或其他评价者的评价往往与学生所处的角度不同，尽管有时候评价者想尽可能地站在学生的角度进行思考，但因为年龄的不同、生活阅历的不同等，他们通常无法真正地理解学生。因此就需要“与儿童对话”，让学生充分地表达自己的想法、见解等，再进行评价。

目前，高质量评价的效度和信度固然重要，但也需要纳入第三个同等重要的因素——道德伦理因素，评价标准才能得以完善。[2] 每个学生都是独特的个体，为了回应这种独特性和差异化，必须采用针对其自身特质的评价方式，这也是当前倡导的“文化回应性评价理念”[3] 的必然要求。通常情况下，教师在学习议题日程安排上具有绝对的权威性，评价标准由教师向学生宣布，学生鲜有机会参与到对既定评价标准的讨论中去。建议教师反思并且重新定位师生关系，为在即将开展的评价实践中兼顾学习者的视角提供可能性。

[1] [澳] 瓦伦缇娜·克兰诺斯基、克莱尔·怀亚特 - 史密斯：《教育评价——标准、评判和调整》，沈蕾译，江苏凤凰教育出版社，2016，第 63 页。
[2] 同上书，第 1 页。
[3] 高若瑜：《当代美国文化回应性评价思潮及其意义探讨》，《全球教育展望》2020 年第 6 期。

第三节 综合实践活动课程评价的思路

如何有效开展课程评价，尤其是综合实践活动课程评价？让我们品味下面这段话：“有人说：我们需要量化指标，我们需要细称精量，加强和实施教育问责。当然，我们确实需要细称精量，但必须具备三个至今我们尚未具备的条件，一是要测量考核真正教育情境中值得测量考核的内容，死记硬背在真正的教育情境中是无足轻重的；二是要懂得怎样测量考核我们准备测量考核的内容；三是要重视那些可测量、可量化的内容，更要重视那些量化工具测量不到但同样重要或者更重要的内容。”[1]

这表明要想真正履行好教育评价的职责，不仅要懂得评价的正当内容和有效方式，更要懂得评价的“无能为力”之处，为那些“量化工具测量不到但同样重要或者更重要的内容”留出空间和位置。更进一步，应该对教育评价功能的有限功能有明确意识，进而对教育评价结果表现出谦卑而谨慎的态度。

这里呈现的评价思路是围绕《指导纲要》中学段目标下的价值体认、责任担当、问题解决、创意物化制定出评价目标；结合综合实践活动课程的主要方式和关键要素：考察探究、社会服务、设计制作、职业体验，或它们之间的整合形式来确定评价内容；按照“设计思想”“行动实施”“价值成果”的过程性评价思路；坚持评价的方向性、指导性、客观性、公正性的原则和突出发展导向，做好写实记录，建立档案袋、做好科学评价等方面提出过程评价与总结评价相结合的评价策略。（表 1–2）

---

[1] [美] 帕克·帕尔默:《教学勇气——漫步教师心灵》，吴国珍、余巍等译，华东师范大学出版社，2014，第 5 页。

表 1–2　综合实践活动课程总体评价思路

<table>
<tr><th rowspan="2">评价目标</th><th rowspan="2" colspan="2">评价内容</th><th colspan="2">评价策略</th></tr>
<tr><th>过程性评价</th><th>总结性评价</th></tr>
<tr><td rowspan="3">价值体认
责任担当
问题解决
创意物化</td><td rowspan="3">考察探究
社会服务
设计制作
职业体验</td><td rowspan="3">综
合
形
式</td><td>设计思想</td><td rowspan="3">基于档案袋和写实记录进行综合评定</td></tr>
<tr><td>行动实施</td></tr>
<tr><td>价值成果</td></tr>
</table>

设计总体评价思路的目的在于为教师和参与评价者提供一个总体的思路和大致的方向，并非要将评价活动局限于该框架之中，生搬硬套使每一个活动都符合总体评价思路的每个方面。教师在这种多元整合的评价活动中更多的是担当组织者角色，他们需要对这种评价思路的内涵有一定的了解，以便在综合实践活动课程评价过程中灵活操作。除此之外，教师还可以根据这样的评价体系，在可能处于矛盾中的各个评价主体间进行调和。

一、评价目标致力于发展核心素养

综合实践活动课程评价的目标较为特殊，“评价不能局限于对学生认知水平的考核和测量，更多的要着眼于对学生的实践能力、创新精神和社会责任感的综合评价”[1]。从各所学校课程开发、设计与规划的层面来看，基本上都是关注研究的内容维度，而相对忽视从学生能力维度出发去设计和开发课程内容。[2] 换句话说，设计和开发课程不应该从内容出发，而应该从能力出发、从核心素养出发，先行确定学生发展的目标或标准，再来考虑欲实现这些目标所需要的内容。

所以，标准对于学生来说格外重要，“明确陈述的标准能够指导系

[1] 靳玉乐、张家军等编著《综合实践活动课程评价手册》，西南师范大学出版社，2017，第79页。

[2] 万伟:《综合实践活动课程关键能力的培养与表现性评价》,《课程 · 教材 · 教法》2014 年第2期。

统层面的专业评判。这不仅仅有助于课程计划的实现和高质量评价任务的设计，而且有助于理解标准参照性评价体系中课程和评价之间的关系。学生在参与评价时同样也需要使用标准，并且通过自评和互评实践更好地理解标准”[1]。“课程和评价改革的核心目标是通过合理使用标准、有效利用评价的反馈信息来推动教学、提升学习。”[2]

基于标准的教学和评价不仅仅服务于提升和改进学习，也能够发挥终结性评价的功能，兼顾形成性评价与终结性评价的双重功效。“学业成绩标准可以为形成性评价服务，帮助学生了解自己的学习状况，包括学习强项和弱项。但是，它主要还是用于终结性评价，用于衡量学生的学业成绩或学习行为表现。”[3] 因此，综合实践活动课程评价应当是基于课程标准的评价，是面向学生核心素养的评价：“它不再是检查表层知识，而是聚焦并考查全球化复杂社会环境所珍视的素养或技能。这样的转变有助于学校课程中广泛纳入关键核心素养，需要重点关注和考查学生批判性思考、检验问题、收集信息、做出明智理性决定的能力以及合理使用技术的能力。”[4]

这种课程目标或能力标准，在《指导纲要》中被转译为如下的表述：学生能从个体生活、社会生活及与大自然的接触中获得丰富的实践经验，形成并逐步提升对自然、社会和自我之内在联系的整体认识，具有价值体认、责任担当、问题解决、创意物化等方面的意识和能力（表 1–3 至表 1–6）。

---

[1] [澳] 瓦伦缇娜·克兰诺斯基、克莱尔·怀亚特 - 史密斯：《教育评价——标准、评判和调整》，沈蕾译，江苏凤凰教育出版社，2016，第 16 页。
[2] 同上书，第 13 页。
[3] 同上书，第 19 页。
[4] 李树培：《综合实践活动课程核心素养与评价探析》，《全球教育展望》2016 年第 7 期。

表 1–3 “价值体认”子目标的三阶段特征

阶段	特　征
小学	通过亲历、参与少先队活动、场馆活动和主题教育活动，参观爱国主义教育基地等，获得有积极意义的价值体验。理解并遵守公共空间的基本行为规范，初步形成集体思想、组织观念，培养对中国共产党的朴素感情，为自己是中国人感到自豪。
初中	积极参加班团队活动、场馆体验、红色之旅等，亲历社会实践，加深有积极意义的价值体验。能主动分享体验和感受，与老师、同伴交流思想认识，形成国家认同，热爱中国共产党。通过职业体验活动，发展兴趣专长，形成积极的劳动观念和态度，具有初步的生涯规划意识和能力。
高中	通过自觉参加班团活动、走访模范人物、研学旅行、职业体验活动，组织社团活动，深化社会规则体验、国家认同、文化自信，初步体悟个人成长与职业世界、社会进步、国家发展和人类命运共同体的关系，增强根据自身兴趣专长进行生涯规划和职业选择的能力，强化对中国共产党的认识和感情，具有中国特色社会主义共同理想和国际视野。

表 1–4 “责任担当”子目标的三阶段特征

阶段	特　征
小学	围绕日常生活开展服务活动，能处理生活中的基本事务，初步养成自理能力、自立精神、热爱生活的态度，具有积极参与学校和社区生活的意愿。
初中	观察周围的生活环境，围绕家庭、学校、社区的需要开展服务活动，增强服务意识，养成独立的生活习惯；愿意参与学校服务活动，增强服务学校的行动能力；初步形成探究社区问题的意识，愿意参与社区服务，初步形成对自我、学校、社区负责任的态度和社会公德意识，初步具备法治观念。
高中	关心他人、社区和社会发展，能持续地参与社区服务与社会实践活动，关注社区及社会存在的主要问题，热心参与志愿者活动和公益活动，增强社会责任意识和法治观念，形成主动服务他人、服务社会的情怀，理解并践行社会公德，提高社会服务能力。

表 1–5 “问题解决”子目标的三阶段特征

阶段	特　征
小学	能在教师的引导下，结合学校、家庭生活中的现象，发现并提出自己感兴趣的问题。能将问题转化为研究小课题，体验课题研究的过程与方法，提出自己的想法，形成对问题的初步解释。

续表

阶段	特　征
初中	能关注自然、社会、生活中的现象，深入思考并提出有价值的问题，将问题转化为有价值的研究课题，学会运用科学方法开展研究。能主动运用所学知识理解与解决问题，并做出基于证据的解释，形成基本符合规范的研究报告或其他形式的研究成果。
高中	能对个人感兴趣的领域开展广泛的实践探索，提出具有一定新意和深度的问题，综合运用知识分析问题，用科学方法开展研究，增强解决实际问题的能力。能及时对研究过程及研究结果进行审视、反思并优化调整，建构基于证据的、具有说服力的解释，形成比较规范的研究报告或其他形式的研究成果。

表 1–6 “创意物化”子目标的三阶段特征

阶段	特　征
小学	通过动手操作实践，初步掌握手工设计与制作的基本技能；学会运用信息技术，设计并制作有一定创意的数字作品。运用常见、简单的信息技术解决实际问题，服务于学习和生活。
初中	运用一定的操作技能解决生活中的问题，将一定的想法或创意付诸实践，通过设计、制作或装配等，制作和不断改进较为复杂的制品或用品，发展实践创新意识和审美意识，提高创意实现能力。通过信息技术的学习实践，提高利用信息技术进行分析和解决问题的能力以及数字化产品的设计与制作能力。
高中	积极参与动手操作实践，熟练掌握多种操作技能，综合运用技能解决生活中的复杂问题。增强创意设计、动手操作、技术应用和物化能力。形成在实践操作中学习的意识，提高综合解决问题的能力。

通过标准的使用达到评价促进学习和评价的双重目的。“因此教师亟须拓展知识体系，掌握更为全面的有关教学和评价的新技能、新知识，包括重新审视质量构成的重要因素，以及在基于标准的系统中协调评价和课程之间的关系。评价和课程之间的协调一致是判断学生学习需求的根本，也是以评促学的关键。”[1]

教师如何使用标准来开展教学与评价呢？教师需要对评价标准进行正确解读，并“需要对标准的解读达成共识，他们所做出的基于标准的

[1] [澳] 瓦伦缇娜·克兰诺斯基、克莱尔·怀亚特 - 史密斯:《教育评价——标准、评判和调整》，沈蕾译，江苏凤凰教育出版社，2016，第 12 页。

终结性评价才具有可比性和可信度"[1]。教师要自觉自律地使用标准，并通过评判实践对标准的理解达成共识。

至于如何在评判中使用标准，目前主要有两种思路：层级式/目标分解式思路和评价与教学一体化思路。有研究者推崇层级式的评价思路，按照层次性将评价目标细化为普及性培养目标、发展性培养目标、特长性培养目标，推动综合实践活动课程向常态化、制度化、规范化的方向发展。[2]

另有研究者将综合实践活动课程的目标主要归纳为八大关键能力，即创造性思维能力、组织与规划的能力、合作能力、沟通与表达的能力、观察能力、动手操作能力、搜集与处理信息的能力、自我反思与管理能力（见图1–1）。[3] 为了增强教师教学指导的有效性，提升综合实践活动课程过程性评价的科学性，促进学生能力的可持续发展，就必须明确综合实践活动课程要培养的关键能力。

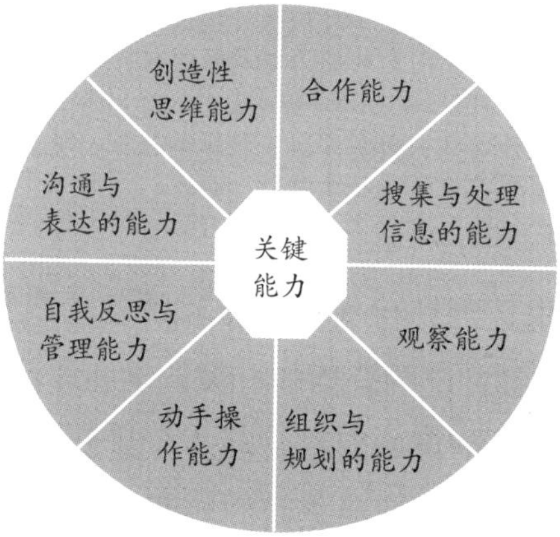

图1–1　综合实践活动课程培养的八大关键能力

[1]［澳］瓦伦缇娜·克兰诺斯基、克莱尔·怀亚特-史密斯：《教育评价——标准、评判和调整》，沈蕾译，江苏凤凰教育出版社，2016，第3页。
[2] 庞非：《综合实践活动评价策略研究》，《中国教育学刊》2013年第11期。
[3] 万伟：《综合实践活动课程关键能力的培养与表现性评价》，《课程·教材·教法》2014年第2期。

围绕这八大关键能力，研究者分析了每一种能力的结构要素和形成机制，设计出系列的专项训练活动，从而有效促进学生能力的发展。[1] 综合实践活动课程培养的是学生的综合能力，八种关键能力中的每一项都不是单一的，而是多维度的，所以需要分解八大关键能力的基本结构要素。学生能力的培养不能仅仅停留在经验描述的层面，还要通过结构分析、要素分解等，明晰每一种能力形成的过程与机制，研究中小学生在综合实践活动课程中关键能力表现的理论结构模型。[2]

层级式 / 分解式思路最为常见，其背后的思维逻辑是“2=1+1”。可是，对于学生的核心素养来说，这一等式并非总是成立的，因为人们的复杂性思维能力并非等于简单性思维能力的总和，这种机械的还原论思维由于没能体现综合素质的整体性、有机性的特征，所设计的专项训练活动总和并不能保证能有效促进学生综合能力的发展。

教师运用标准的另一种思路通常是将基于标准的评价和基于标准的教学相统一：“从理论上说，教师在备课时，尤其在设计以评价为目的任务时，应该从一开始就以学业成绩标准为导向，从而将评价任务的设计融为学习和教学的有机组成部分，并且与整个学业标准直接挂钩。为了达到评价任务与学业标准的一致，教师应该领会评价任务的要求与标准参照的评价证据之间的关系。换言之，教师在对评价任务进行分门别类时应该以标准为参照，在采集评价证据时应该以特定的任务或者某一阶段的学习档案为参照。”[3] 这种思路把体现综合能力运用的问题情境，直接作为教学的情境，以参与解决问题的方式来提升学习者的整体能力，符合综合能力或核心素养发展的心理学依据，故能在很大程度上实现课程标准规定的目标。实际上，基于标准的评价与教学的统一，就是表现性

[1] 万伟：《综合实践活动课程关键能力的培养与表现性评价》，《课程 · 教材 · 教法》2014 年第 2 期。
[2] 同上。
[3] [澳] 瓦伦缇娜 · 克兰诺斯基、克莱尔 · 怀亚特 - 史密斯：《教育评价——标准、评判和调整》，沈蕾译，江苏凤凰教育出版社，2016，第 19 页。

评价的主要过程与典型特征。

要发挥标准的教学和评价价值，教师需要明确并正确运用课程标准，学生同样需要明确评价目标或教学目标、学习目标。教师要向学生说明标准，引导并明确他们应完成的任务所具备的质量特征，学生要在完成任务的过程中以标准为纲来提高任务的质量。为达成此目标，教师常用的有效方法如下：

其一，通过学习和讨论学生作业或活动范例等来明确任务标准和要求，师生共同讨论任务应该达到的质量标准。这样，学生通过教师的专业引导了解任务的质量指标，然后通过分析其他同学完成的任务样本积累评价经验，最后学以致用，对照标准，应用标准，更好地完成自己的任务。

例如，可以把往届学生完成的任务样本发给他们，让他们对照标准对任务样本给出自己的评价。学生可以通过了解和学习其他同学完成的任务来提升自己，因为看到了同学的任务样本而下决心做得更好。学生的任务样本和相关的评分标准都陈列在教室后面的墙上，这样学生就能更加明确一项任务的质量要求和完成这项任务的关键所在。

“范例的最佳使用是在范例上给出注释性的评语，说明评分的理由。这就包括明确地说明范例的哪些质量证据符合标准要求的质量指标。与此同时，评语也能够解释教师如何平衡各个质量指标并最终给出某个等级或总分。”[1]

其二，向学生陈述标准，然后组织全班讨论，使学生对质量指标了如指掌。例如，在班级建立一个任务手册，上面列出最终设计出成品所需要的每一个步骤和每一项课堂活动。这样，班上的学生就会对任务有整体的认识和计划，再把成文的标准发给全班学生，加强学生的参与感。

“如果学生在评价中具有一定的参与权和话语权，这会有利于促进他

[1] [澳] 瓦伦缇娜·克兰诺斯基、克莱尔·怀亚特 - 史密斯:《教育评价——标准、评判和调整》，沈蕾译，江苏凤凰教育出版社，2016，第 109 页。

们的学习。确定学习任务的初期，包括确立评价内容和评价质量标准的显性指标，这时就可以让学生参与进来。继而，学生可以利用这些信息，尤其是明确的评价标准和相关范例，开展自评和互评活动，实现以评促学。”[1] 这不仅可以让学生学会自主学习，还可以让他们了解详细明确的评价依据，对照质量标准来回顾和审视自己的学习，明白达到某一层次规定的标准，就能够有的放矢地去查漏补缺，为达到相应层次而做出相应的努力。

在任务设计时就明确评价要求，有助于教师、学生或家长就任务质量和学习问题进行交流，也能使学校和家庭之间的沟通更加合理和有效。在实际应用中教师惊喜地发现，当学生能够参与到关于任务质量要求的讨论时，他们的学习热情高涨，不仅自觉提升自己的学习能力，也不再会把老师的反馈当成唯一的依赖。平时学习松懈甚至学习感到困难的学生，也成为这一教学法的受益者。

二、评价内容以四种活动类型或其整合为对象

综合实践活动课程是一门生成性很强的课程，需要教师与学生共同创生。在实践过程中，学生主要凭兴趣选择研究课题，教师主要从课程资源的便利、课程的四大活动方式的角度去开发课程内容。[2] 而日本初中综合实践活动中学生评价内容主要由学习态度，合作精神，探究能力，社会实践、交往能力，收集、处理信息的能力，劳动态度与习惯，设计与操作能力七个方面组成。[3]

不同的活动方式或评价内容，由于包含的关键要素不同，各自应用的评价方法也不尽相同，应该针对不同的要素或环节，设计不同的评价

[1] [澳] 瓦伦缇娜·克兰诺斯基、克莱尔·怀亚特 - 史密斯:《教育评价——标准、评判和调整》，沈蕾译，江苏凤凰教育出版社，2016，第 88 页。

[2] 万伟:《综合实践活动课程关键能力的培养与表现性评价》,《课程·教材·教法》2014 年第 2 期。

[3] 赵桂琴:《中日初中综合实践活动课程评价比较研究》,《教育理论与实践》2006 年第 6 期。

方法。四种活动方式在综合实践活动课程的开展过程中，有时是单独出现的，有时是两两组合或者多个组合的形式出现的。因此我们在评价时也要注意根据不同的活动方式选择不同的评价方式。因此，我们需要围绕综合实践活动课程的主要方式及其关键要素，设计出相应的体现其本质特性和关键要素的实践活动。

《指导纲要》指出，考察探究是学生基于自身兴趣，在教师的指导下，从自然、社会和学生自身生活中选择和确定研究主题，开展研究性学习，在观察、记录和思考中，主动获取知识，分析并解决问题的过程，如野外考察、社会调查、研学旅行等，它注重运用实地观察、访谈、实验等方法，获取材料，形成理性思维、批判质疑和勇于探究的精神。

考察探究的评价内容应该围绕关键要素，“学生发现并提出问题；提出假设，选择方法，研制工具；获取证据；提出解释或观念；交流、评价探究成果；反思和改进”等进行设置，对于评价内容的确定可以通过综合实践活动实施的目标和集体审议的方式进行。

社会服务指学生在教师的指导下，走出教室，参与社会活动，以自己的劳动满足社会组织或他人的需要，如公益活动、志愿服务、勤工俭学等，它强调学生在满足被服务者需要的过程中，获得自身发展，促进相关知识技能的学习，提升实践能力，成为履职尽责、敢于担当的人。

社会服务的关键要素包括：“明确服务对象与需要；制订服务活动计划；开展服务行动；反思服务经历，分享活动经验。”社会服务在进行评价内容的选择时应该注意对于这些方面的把握，可能一个活动中无法将每个方面都有具体的呈现，但对于该活动呈现的主要活动内容，应在评价中有所体现。

设计制作指学生运用各种工具、工艺（包括信息技术）进行设计，并动手操作，将自己的创意、方案付诸现实，转化为物品或作品的过程，如动漫制作、编程、陶艺创作等，它注重提高学生的技术意识、工程思维、动手操作能力等。在活动过程中，鼓励学生手脑并用，灵活掌握、融会贯通各类知识和技巧，提高学生的技术操作水平、知识迁移水平，体验工匠精神等。

设计制作的关键要素包括："创意设计；选择活动材料或工具；动手制作；交流展示物品或作品，反思与改进。"设计制作在进行评价形式的确定和评价内容的选择时会与上述综合实践活动有所不同，所以需要结合具体的活动来进行分析。

职业体验指学生在实际工作岗位上或模拟情境中见习、实习，体认职业角色的过程，如军训、学工、学农等，它注重让学生获得对职业生活的真切理解，发现自己的专长，培养职业兴趣，形成正确的劳动观念和人生志向，提升生涯规划能力。

职业体验的关键要素包括："选择或设计职业情境；实际岗位演练；总结、反思和交流经历过程；概括提炼经验，行动应用。"这里出现了选择或设计职业情境，所以评价通常也要在这些具体的职业情境中进行，以便于学生能更好地反思和交流经验。在这个过程中，值得注意的是，对学生的评价应多关注培养兴趣和提升能力，同时，评价的内容要兼具职业体验的内容。

"综合实践活动除了以上活动方式外，还有党团队教育活动、博物馆参观等。综合实践活动方式的划分是相对的。在活动设计时可以有所侧重，以某种方式为主，兼顾其他方式；也可以整合方式实施，使不同活动要素彼此渗透、融会贯通"，充分发挥信息技术对于各类活动的支持作用，有效促进问题解决、交流协作、成果展示与分享等。

基于综合实践活动方式划分的相对性，在评价的时候也要根据具体的活动展开讨论，选择适宜的综合实践活动课程评价方式。由于综合实践活动是综合性的，我们在评价的时候也要注意这种思想的运用，单一的评价模式往往不够全面，不能全面呈现学生的形象。量化的评级往往对于学生的发展性关注不够，而过多的质性评价则会过于关注主观感受，而失去评价的客观性。综合实践活动课程的评价同样应该注重"综合"思想的运用，要注意在评价单个活动时各个活动之间的整合。活动主题不同，或者活动设计不同，在评价过程中侧重点也要有所不同。

这种综合的方式通常以问题解决为导向，鼓励学生能够解决问题、在活动中进行交流协作等，其各个部分不是割裂的，而是彼此融合的，评价内容也不可以仅仅按照各部分具体涉及的内容而分开进行评价，而重点在于“综合”的评价。评价不仅要注重过程中的每个阶段的评价，还要注重活动结束后的综合评价，甚至于一个学期结束后的综合评价。

由于我们无法提供各板块内容或活动方式一般性的评价程序或具体的操作步骤，因此仅将综合实践活动课程评价中常用的档案袋和写实记录的评价方法在此处进行探讨。

（一）档案袋评价

档案袋评价，也叫成长记录袋评价、卷宗评价、历程档案评价等，是近二三十年来学生学业评价领域最受关注的评价方法之一。档案袋评价的内涵主要包括：它是学生作品有目的、有计划、有组织的汇集，能反映学生学习的进程与成果；它不仅要有详细的评价规则，还是一个反思和促进教与学的过程。以下是五个常见的关于档案袋评价的描述：

- 档案袋着重收集学生的作品和学生对作品的感想及学习记录，也包括学校人员所收集的资料，这些资料汇集了学生重要学习结果的进展过程。

- 档案袋是“有目的地收集一些能陈述学生努力、进步或成就的作品”。档案袋评价必须包含学生的参与。

- 档案袋内容不能只是一些产品或由教师收集的东西，它应该包括有系统地收集的一直被大部分或全体师生使用的学习数据，这些数据是用于确认学生的成长与能力的。

- 档案袋不是无所不包的容器，档案袋评价需要收集用来观察学生在特殊主题领域的知识、技巧、态度的成长证据，是有系统且有组织的。

- 档案袋用来作为评价考量的工具时，是师生所做的系统化汇集；

档案袋评价可成为检验“努力、进步、过程和成果，以及满足更正式的检测过程所能达到的责任或要求的基准”。

美国纽约市东哈莱姆区的中央公园东方中学（Central Park East Secondary School，CPESS）在学生毕业时就是用毕业档案袋的形式对学生进行评定，以确定学生是否达到毕业要求。[1] 学校强调“设计学校水平的档案袋体系是为了创造一种环境，使学生从入学的那一刻起就对他们的学习有非常清醒的意识”。档案袋包含 14 个领域的要求：毕业后的计划、自传、学校 / 社区服务、道德和社会、优良的艺术和审美能力、大众传媒、实践技能、地理学、第二语言或双语、科学与技术、数学、文学、历史、身体素质。这些档案袋内容反映了学生在每一个领域累积的知识和学到的技巧，以及中央公园东方中学的教学及评价特色等。毕业设计部分的完成要与档案袋可能的和应有的结果相联系，这些结果是学生在毕业前所从事正常学程的课程、研讨、实习以及独立研究的可能和应有的结果。学生可以用多种方式完成和展示档案袋，而且具体的档案袋会因个别差异而具备个体风格。该校委员会成员集中起来，评价学生的作业展示、讨论和答辩。委员会使用的主要标准是：理解的质量和深度、良好的运用心智习惯、展示所掌握的适合每一特定领域的令人信服的证据的能力。由于每个领域档案袋的特征在很大程度上反映了该领域的特点，因此每一科目还设置了特定的评分细则。

日本综合学习时间评价的经验，包括重视学生的自我评价、相互评价和作品评价，多维度建构综合学习的评价标准，课程目标的具体化等。其中，自我评价、相互评价和作品评价是一种更真实的评价，能够客观而内在地体现学生自身发展的实际水平和状况。因此，开发和研究自我评价、相互评价、作品评价的方法，成为综合学习时间评价的基本方向。[2]

[1] 李雁冰:《课程评价论》，上海教育出版社，2002，第 223 页。
[2] 赵桂琴:《中日初中综合实践活动课程评价比较研究》,《教育理论与实践》2006 年第 6 期。

（二）写实记录评价

2014 年 12 月，《教育部关于加强和改进普通高中学生综合素质评价的意见》（以下简称《意见》）正式发布，对学生如何做好社会实践活动的写实记录做了细化要求和明确规定：“教师要指导学生客观记录在成长过程中集中反映综合素质主要内容的具体活动，收集相关事实材料。”学生要在积极参与学校组织开展的校内外活动基础上，对活动过程、结果、感受体验等进行记录并收集相关事实材料。此外，学生需要做好的活动记录，一定是自己亲身经历、参加、融入实践的活动记录。写实记录不是基于过去、未来的，是对于现在发生的事情的真实记录。

写实记录是基于学生自己的记录，有助于提升学生的自我评价能力。学生在写实记录的过程中可以对于自己参与的活动过程进行反思，这是学生进行更好地自我展示和选择的过程，对于学生而言，这种方式在一定程度上激励着他们全程参与活动，并允许他们展示自己的独特见解和个人经验，有表现自己个性化的可能。同时，学生可以凭借这种写实记录的方式，对自己的发展情况有很好的把握。

“教师通过学生的写实记录，通过观察、记录、分析学生全面发展状况，去发现和培育学生良好的个性。但教师的指导帮助只是学生成长与发展的外因，学生的主体性才是其发展的内因。”[1] 教师在这个过程中，不仅可以相应减少一部分评价内容，同时在评价的过程中也有了很好的依据。我们在综合实践活动课程评价中并未设计相关的评价标准和依据的初衷是希望可以给予学生个性化的评价，真正以学生的个体发展为基础，达到发展学生综合素质的目的。但这种不设置依据的评价方式不是无据可依，而是应该以学生真实情况为依据，例如写实记录就可以成为很好的学生评价依据。

进行写实记录评价还需要注意以下几个方面：

[1] 陈朝晖、刘志军：《高中综合素质评价中学生主体性的发挥——基于主体性发展理论的视角》，《中国教育学刊》2016 年第 10 期。

第一，活动记录的实施主体是学生本人，教师不应逾越写实记录实施主体的界限。部分教师会觉得学生写出的记录不尽如人意，认为学生所写的内容不够全面，不能很好地体现综合实践活动课程的整个过程和设计思路，所以会越俎代庖进行撰写。其实学生所写的内容是真实的活动过程的体现，是基于自己的理解撰写写实记录，也是从自己的角度、自己的年龄阶段和认知水平出发的记录。

根据不同年龄阶段的学生的发展水平，我们可以采用不同的标准对学生的写实记录进行指导。因为我们在这里无法要求小学生写出的写实记录和高中学生写出的内容具有一样的水平，这是不切实际的。学生的写实记录是在他们自己的理解和实践活动后的直观感受，反映了他们在活动中的实际发展状态。同一年龄阶段的学生可能会因为个体不同，而对同一活动在写实记录中呈现出不一样的内容。教师通过写实记录可以对学生有一个较为综合的印象，不仅包括成绩、学习状况，还包括在活动中的情感等。因此，教师只需要做一些引导，而不是“代劳”。

第二，活动记录的内容应真实可查，“事件”不可虚构。为了保证写实记录的真实性和有效性，还可以借助第三方 App 作为活动真实有效性的保证，比如常在志愿服务活动中使用的“志愿汇”，可以定位地点和服务时长。只有在相应的时间和可定位的位置范围内，才会获得有效的服务时长。

第三，活动记录的描述要客观具体，无须“富有感情色彩”。感情色彩过于丰富会使活动的写实记录显得过于冗长，而无法直观了解到学生的实际活动过程。更为重要的是，过多的修辞手法的运用也会使写实记录的真实性、可靠度降低。所以写实记录只需要说明活动的过程，学生能在其中体现最真实的内心感受即可。

“枣文化”综合实践活动课活动记录

学生 A：这一次写生，我看到了枣树的样子。它的树干上面不仅有树纹、树瘤，还有小水珠。以前我画树只会画一个树干，但是树不仅有主干还有许多树枝，可能还有鸟巢。在画树枝时，我们先要把树的外形画出来，再从一个点开始，比如从树瘤开始。在画树纹时，我又看到树纹都是绕着树瘤的，不能随便画。

学生B：以前很少这样用平面的纸做成立体的东西，今天我们尝试了，并且得到了老师很高的评价。但是我觉得作品还存在以下的问题：①有些作品的边缘切割不够仔细，导致最后作品做得不够精细。②图案的设计构图水平还有待提高。

学生C：我刚开始接触童谣的时候，不知道怎么把它表现出来，后来刘老师和我们一起编童谣、做游戏、打枣子，让我们与“枣”来了一次亲密接触。有了这些体验之后，我感觉要画的画面都印在了我的脑海里，创作的时候呼之欲出。

第四，活动的写实记录要有代表性，不必“面面俱到”。在这里需要注意的是，学生在进行写实记录的时候，一般化的活动过程可以不必专门进行记录，所以对于教师而言，需要进行一定的指导。综合实践活动课程贯穿于小学、初中、高中，有12个年龄层次的跨度，因此对于学生的要求也会有所不同，教师可以根据年龄阶段的不同，引导学生选择具有代表性的内容记录。

三、评价过程按“思想—行动—价值”三维螺旋展开

按照《指导纲要》规定的总目标：“学生能从个体生活、社会生活及与大自然的接触中获得丰富的实践经验，形成并逐步提升对自然、社会和自我之内在联系的整体认识，具有价值体认、责任担当、问题解决、创意物化等方面的意识和能力。”价值体认、责任担当、问题解决、创意物化四个方面目标所对应的小学、初中、高中阶段的具体目标是评价的主要标准和依据。

在论及综合实践活动评价的标准体系时，有研究者提出判断一个评价体系的标准的三个维度：价值性标准、效益性标准以及创造性标准。[1]（编著者注：可以将价值性、效益性、创造性这三大评价标准，整合进“思想—行动—价值”的阐释之中。）

在价值性标准中，主体价值标准最为根本。主体价值标准又分为个体、群体以及人类社会三个不同的层次。从个体层次来讲，中小学不同学段的综合实践活动对于中小学生的创新能力、实践能力乃至思想品质等方面的提升是否具有意义和价值；从群体层次来讲，中小学不同学段的综合实践活动对于学校教育体系的完善与改进是否具有促进作用；从人类社会层次来讲，中小学不同学段的综合实践活动对于社会发展是否具有意义和价值。

效益性标准用于判断综合实践活动的结果，它对于学生、学校、社会这三类主体所产生的影响与作用，关注更多的是综合实践活动对三类主体的助益，尤其对于中小学生发挥的作用。活动结果的效应可分为正效应、负效应和零效应，分别表明实践结果的促进、阻碍和没有直接关系三种作用。

判断综合实践活动有无创造性、创造性大小的标准由以下三方面构成：一是有无明确的、较为新颖的实践目的；二是有无新的方案、工具以及解决问题的方法；三是有无创造性的活动成果。基于这个观点，同时参阅陶行知先生的创造教育思想，现将“设计思想”“行动实施”“价值成果”作为判断一项实践活动开展效果的过程与内容参考。思想、行动、价值是综合实践活动课程的三大本质要素，因此也成为一项综合实践活动评判的根本依据。

“设计思想”“行动实施”“价值成果”三个方面在综合实践活动课程中没有明确的界限，三个本质要素彼此包含且具有层层递进的关系。按

[1] 张家军:《综合实践活动评价几个理论问题的探讨》,《天津师大学报（基础教育版）》2015年第4期。

照三个维度所包含的内容，对其含义进行了划分：“设计思想”有无明确的、较为新颖的实践目的；“行动实施”有无方案、工具以及解决问题的方法；“价值成果”有无创新性的活动成果。这种评价过程的三维展开形式，贯穿于整个活动的始终，在综合实践活动课程评价过程中，可以很好地体现其促进学生能力发展的原则，而这三种评价维度的确定，涵盖了综合的意蕴，体现了提升学生综合素质的目的。

（一）设计思想

设计思想又分为全球视野、分析和创造性思维，这对于学生提出了具体的评估方向。设计思想维度的提出，是对于学生思维能力评价的很好体现。设计思想与其他评价不同，更加注重宏观的顶层设计思想，通过在活动开展前对于学生的设计过程、学生表现的观察和学生在活动中对操作方式以及开展形式的设计进行分析，以达到对学生设计思想的评价。在设计思想部分也提到将“有无明确的、较为新颖的实践目的”作为考查的内容，所以在设计思想评价的过程中，首先需要明确开展评价的目的是什么。恰当地组织问题有助于对问题或者活动进行思考，这种评价的重点在于能否确定问题或者活动中的关键信息，并且通过一定的组织形式进行设计和呈现。

（二）行动实施

行动实施更加注重实施的过程，关注在综合实践活动课程开展过程中，活动有无方案、工具及相应的解决问题的方法，强调对方式方法的把握。因此在这个过程中，需要对学生的运用量表、参与活动的方法、活动开展的效果等进行评估，还应该关注解决问题的方法，或者是学生对于策略的选择。应该注意的是，学生能否将知识与适宜的策略相联系，并且选择适宜的策略或者方法来解决他们在活动中遇到的问题。对于解决方案的评定中，要注意学生是否能够运用有效的方法，提出对不同问题的正确解决方案，并进行验证。而一个活动或者问题可以提出的解决方案不止一种，所用到的解决方法也不是单一的。学生根据自己的理解对这些方案在活动中进行呈现，应该在行动实施方面注意培养根据不同的情境和问题，寻找最适宜的工具和解决问题的方法等。

（三）价值成果

价值成果一直以来都是评价者所关注的内容。对于评价者而言，价值成果是最直观反映这个活动、问题是否成功，目的是否达到，学生是否在活动中获得了知识的过程。我们不能否认价值成果的重要性，但在综合实践活动中不仅要关注活动的成果，还要关注到成果中呈现的内涵，即活动成果是否具有创新性。在对价值成果的评价过程中，理查德・J.斯蒂金斯提到了四种评价形式：一是选择性反应评价，只能评价对创造高质量产品能力的认识和理解；二是论述式评价，可以评价对产品创作的背景知识的掌握情况，简短的论文可以评价写作能力；三是表现性评价，可以根据行为和产品推断学生的情感倾向；四是交流式评价，可以跟学生交谈，了解他们的情绪情感。[1] 在综合实践活动课程的实施过程中，可以根据实际产生的活动成果选择适宜的评价方式。

将四个方面的目标进行细化与重新编排，生成若干次级目标要素，然后归入到“设计思想”“行动实施”“价值成果”三个维度下，得出小学、初中、高中三个阶段的综合实践活动课程评价的维度与内容，如表 1–7、表 1–8、表 1–9 所示。

表 1–7　小学阶段综合实践活动课程评价维度与内容

评价维度	评价内容
设计思想	1. 初步形成集体思想、组织观念。 2. 能将问题转化为研究小课题，体验课题研究的过程与方法，提出自己的想法，形成对问题的初步解释。 3. 运用常见、简单的劳动和信息技术解决实际问题。

[1] [美] Richard J.Stiggins:《促进学习的学生参与式课堂评价（第四版）》，国家基础教育课程改革“促进教师发展和学生成长的评价研究”项目组译，中国轻工业出版社，2005，第 77 页。

续表

评价维度	评价内容
行动实施	1. 亲历或参与少先队活动、场馆活动和主题教育活动，参观爱国主义教育基地等。 2. 围绕日常生活开展服务活动，能处理生活中的基本事务。 3. 理解并遵守公共空间的基本行为规范。 4. 能在老师的引导下，结合学校、家庭生活中的现象，发现并提出自己感兴趣的问题。 5. 通过动手操作实践，初步掌握手工设计与制作的基本技能。 6. 学会运用信息技术，设计并制作有一定创意的数字作品。
价值成果	1. 通过亲历、参观主题教育获得有积极意义的价值体验，培养对中国共产党的朴素感情，为自己是中国人感到自豪。 2. 初步养成自理能力的习惯，树立自立精神和热爱生活的态度，具有积极参与学校和社区生活的意愿。 3. 运用常见、简单的信息技术服务于学习和生活。

表 1-8 初中阶段综合实践活动课程评价维度与内容

评价维度	评价内容
设计思想	1. 通过职业体验活动，形成积极的劳动观念和态度，具有初步的生涯规划意识和能力。 2. 初步形成探究社区问题的意识，愿意参与社区服务。 3. 初步形成对自我、学校、社区负责任的态度和社会公德意识，初步具备法治观念。 4. 将问题转化为有价值的研究课题，学会运用科学方法开展研究。 5. 运用一定的操作技能解决生活中的问题，将一定的想法或创意付诸实践，通过设计、制作或装配等操作不断改进较为复杂的制作品或用品。
行动实施	1. 积极参加班团队活动、场馆体验、红色之旅等，亲历社会实践。 2. 能主动分享体验和感受，与老师、同伴交流思想认识。 3. 参加职业体验活动，发展兴趣专长。 4. 观察周围的生活环境，围绕家庭、学校、社区的需要开展服务活动。 5. 愿意参与学校服务活动，增强服务学校的行动能力。 6. 能关注自然、社会、生活中的现象，深入思考并提出有价值的问题。 7. 制作和不断改进较为复杂的制品或用品，进行信息技术的学习实践。
价值成果	1. 加深有积极意义的价值体验。 2. 形成国家认同，热爱中国共产党。 3. 增强服务意识，养成独立的生活习惯。 4. 能主动运用所学知识理解与解决问题，并做出基于证据的解释，形成基本符合规范的研究报告或其他形式的研究成果。 5. 发展实践创新意识和审美意识，提高创意实现能力。 6. 通过信息技术的学习实践，提高利用信息技术进行分析和解决问题的能力以及数字化产品的设计与制作能力。

表 1-9 高中阶段综合实践活动课程评价维度与内容

评价维度	评价内容
设计思想	1. 能及时对研究过程及研究结果进行审视、反思并优化调整，建构基于证据的、具有说服力的解释。 2. 形成在实践操作中学习的意识，提高综合解决问题的能力。
行动实施	1. 自觉参加班团活动、走访模范人物、研学旅行、职业体验活动，组织社团活动。 2. 关心他人、社区和社会发展，能持续地参与社区服务与社会实践活动。 3. 关注社区及社会存在的主要问题，热心参与志愿者活动和公益活动。 4. 能对个人感兴趣的领域开展广泛的实践探索，提出具有一定新意和深度的问题，综合运用知识分析问题，用科学方法开展研究，增强解决实际问题的能力。 5. 积极参与动手操作实践，熟练掌握多种操作技能，综合运用技能解决生活中的复杂问题。
价值成果	1. 深化社会规则体验、国家认同、文化自信，初步体悟个人成长与职业世界、社会进步、国家发展和人类命运共同体的关系。 2. 增强根据自身兴趣专长进行生涯规划和职业选择的能力，强化对中国共产党的认识和感情，具有中国特色社会主义共同理想和国际视野。 3. 增强社会责任意识和法治观念，有主动服务他人、服务社会的情怀。 4. 理解并践行社会公德，提高社会服务能力。 5. 形成比较规范的研究报告或其他形式的研究成果。 6. 增强创意设计、动手操作、技术应用和物化能力。

上述分级和归类所依据的主要是《指导纲要》中所提出的学生发展目标。如果依据的标准体系不同，那么“设计思想”“行动实施”“价值成果”这三个一级维度下的二、三级维度的具体内容也就不同，就会构成一个全新的评价内容体系。表 1-10 是参考 MTC 集合的一批来自顶尖私立高中的教育专家研究并发明的一套全新的学生评价体系——A New Model，所得出的新的评价维度与内容体系。

表 1–10　参考 MTC 的 A New Model 所得出的评价维度与内容

设计思想	1. 全球视野	a. 对他人不同的价值观和习俗保持开放的心态　b. 理解不同的历史、政治、宗教、文化　c. 用一种或多种国际化语言发明创造　d. 通过技术在全球范围内联系人和项目　e. 建立有效的跨文化的社交和智力技能　f. 使用 21 世纪的技能去理解和解决全球问题　g. 对于不同文化、宗教和生活方式的人保持尊重和开放的心态，向他们学习、同他们合作　h. 平衡社会和文化差异去创建新的想法、获得成功
	2. 分析和创造性思维	a. 定义、管理及处置复杂问题　b. 辨别信息的真伪、偏差及其是否全面　c. 应对信息过载　d. 提出有意义的问题　e. 分析、创造概念和知识　f. 用试错、测试等方法解决问题　g. 从多角度看问题　h. 建立跨学科的知识和视野　i. 能持续推理　j. 融合与适应　k. 解决没有依据可循的新问题　l. 运用知识和创造力去解决复杂的真实问题
行动实施	3. 领导力及团队合作能力	a. 提出新想法　b. 通过影响力领导他人　c. 赢得信任、解决冲突、为他人提供支持　d. 领导小组讨论、达成共识、有效谈判　e. 做他人的老师、教练、顾问　f. 寻求帮助　g. 完成协作任务、管理团队、分配任务　h. 执行决策、达成目标、分享荣誉
	4. 信息技术及数理能力	a. 理解、运用信息技术　b. 创建数字知识和媒体　c. 在不同场景下运用多媒体资源进行有效沟通　d. 掌握并运用高阶数学　e. 了解传统及前沿的热门议题
	5. 高适应性、主动探索、承担风险能力	a. 建立灵活、敏捷的适应能力　b. 敢于尝试不熟悉的领域　c. 探索和实验　d. 在模糊不确定的环境下高效工作　e. 将失败看作学习的机会，认识到创新包含少数的成功和频繁大量的错误　f. 勇于探索新的角色、思想和策略　g. 发展创业素养
价值成果	6. 品德和理性兼顾的决策能力	a. 保持同理心　b. 具有正直、诚实、公正、尊重他人的品德　c. 有勇气对抗不公正的境遇　d. 有责任感，考虑组织的意向和利益　e. 对新媒体和技术带来的伦理和困境有基本的了解　f. 面对复杂的问题，做决策时兼顾理性和道德
	7. 复杂沟通——口头及书面表达能力	a. 用两种及以上语言去理解和表达　b. 与不同类型的受众清晰交流　c. 用心倾听　d. 有效的口头表达　e. 向不同类型的受众进行清晰简明的书面表达　f. 阐明信息并有效地说服他人
	8. 思维习惯	a. 细致　b. 创造力　c. 热爱学习、好奇心　d. 抗挫折能力　e. 毅力　f. 自我效能　g. 压力管理能力　h. 时间管理能力

说明：此表只是表明思路，具体维度要素待学校集体审议决定。

目前来看，综合实践活动课程教师评价体系和综合实践活动课程学生评价体系比较缺乏，需要参照国内外评价标准体系建立符合我国中小学实际情况的评价体系。

什么样的评价方式可以评估学生的思想、行动与价值呢？目前相对比较理想的方式，恐怕要数表现性评价，这在相关的课改文件中也得以体现。但需要尽力避免前文所述的表现性评价的内在危险性：第一，表现性评价的标准要细化，基于精细化的标准方能避免空有形式、而无实质内涵的行为。第二，表现性评价中的观察要有长期性，通过多次过程性观察、而非一次关键性的观察，显然更能提高行为评价的准确性和效度。第三，要将行为观察与谈话交流相结合，让学生说出行为表现背后所蕴含的道理，阐述支配自己行为的理由，真正实现学生的行与知的合一。所以，我们要“更新评价理念，改变知识为本、纸笔测试为主的单一评价形式，采用上述所阐释过的表现性评价、发展性评价等多种评价方式，引导学生注重过程参与、自主发展，鼓励小学低年级开展模块化学业测评改革”[1]，构建综合实践活动课程评价指标体系和操作方案。

当然，关于综合实践活动课程的评价内容，除了上述按照“思想—行动—价值”三维度之外，还有其他的分类方式也值得我们注意。有研究者指出，综合实践活动评价的内容包括支持系统评价、课程自身评价、发展绩效评价、元评价四个方面。[2]（编著者注：本著作主要聚焦于发展绩效评价中的学生发展绩效评价，但可能需要兼顾或提及其他方面的评价内容。）支持系统包括两个方面：理论与技术支持系统和社会支持系统。理论与技术支持系统是指为一线的指导教师提供理论与技术上的

[1] 详见:《浙江省教育厅办公室关于促进义务教育课程整合的指导意见》(浙教基〔2015〕79号)。该文件从统筹课程实施、明确整合主线、灵活安排课时、创新教学方法、变革教学评价、提升教师素养等六个方面，探讨了课程整合的具体路径，具有一定的参考价值。——编著者

[2] 张家军:《综合实践活动评价几个理论问题的探讨》,《天津师大学报（基础教育版）》2015年第4期。

支持。社会支持系统包括政策支持系统（课程政策与教师教育政策）、学校支持系统（提供开展的经费，给教师赋权，建立教学资源库，支持教师参加学术交流和参加相应培训）、社区支持系统（提供资源支持活动开展）。发展绩效评价包括对于学生、教师、学校、综合实践活动课程自身的绩效评价。元评价主要包括三个方面的内容：一是评价理论的元评价；二是评价方法与技术的元评价；三是评价实践的元评价。

综合实践活动课程课堂教学的评价项目主要包括：教学思想、教学态度、教学目标、教学内容、教学方法、教学过程、教学效果、教师素养八项内容。[1] 综合实践活动课程的实施虽然包括但通常超越课堂教学的范围，因此并不能将评价的重心局限在课堂教学这一空间内。同时，要坚持过程评估与综合评估相结合。过程评估是指课堂评估和活动环节的评估；综合评估是指学期或学年结束时的评估。

此外，按照不同活动的阶段，评价指标还可以划分为活动准备阶段、活动实施阶段、总结交流阶段。[2] 以下方式供大家参考。（表 1–11 至表 1–13）

表 1–11　活动准备阶段学生发展性评价指标

活动环节	评价要素	评价指标		
		优秀	良好	待提高
发现问题、提出问题	参与态度			
	问题表达			
	提问角度			

[1] 吴乐乐、曹雷、柏杨：《综合实践活动课程课堂教学评价综述》，《教学与管理》2015 年第 8 期。

[2] 田慧生、冯新瑞等：《综合实践活动有效实施与评价策略》，教育科学出版社，2016，第 149-161 页。

续表

活动环节	评价要素	评价指标		
		优秀	良好	待提高
筛选问题、确定主题	问题的价值与意义			
	可行性			
	确定主题			
制订计划	参与态度			
	方法选择			
	活动安排			
	小组分工			
	问题预设			

表 1-12　活动实施阶段学生发展性评价指标

活动环节	评价要素	评价指标		
		优秀	良好	待提高
活动实施	执行计划			
	沟通与合作			
	活动能力			
	收集整理资料			
	资料保存			
	参与态度			
形成成果	完成活动			
	情感态度			

表 1–13　总结交流阶段学生发展性评价指标

活动环节	评价要素	评价指标		
		优秀	良好	待提高
交流准备	准备工作			
展示交流	展示内容			
	展示方式			
	分工安排			
	语言仪态			
评价反思	客观评价			
	反思提升			

四、评价结果用多主体参与的“雷达模式”呈现

之前，我们多次提到要对学生进行过程评价和综合评价，同时也强调多元评价主体包括学生、同伴、师长、学科专家等的重要性，而在过程评价中，我们谈到了三个维度（表 1–14），即“设计思想”“行动实施”“价值成果”，目的就是为了在评价结果中呈现出“雷达模式”（图 1–2）。

表 1–14　综合实践活动课程评价的思路图

策略 / 维度	过程评价	综合评价	多元主体评价			
			学生	同伴	师长	其他
设计思想						
行动实施						
价值成果						

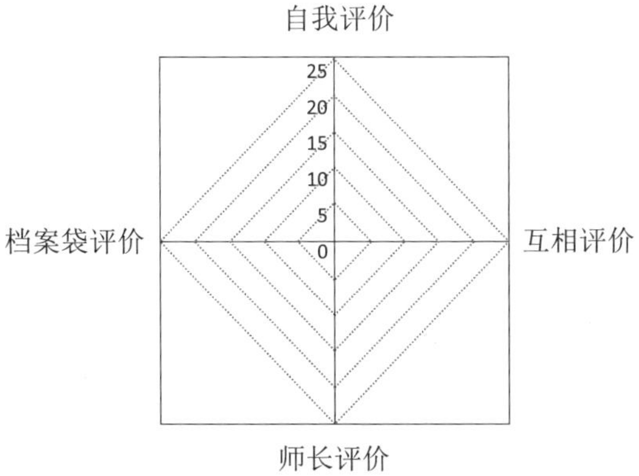

图 1-2　综合实践活动课程综合评价雷达图

这种综合评价的“雷达模式”的呈现包含了横向和纵向的评价，对学生进行了多方位的评价，我们不能说其涉及了学生参与综合实践活动课程的每一个方面，但是可以看到，相较于传统的评价方式，它显得更加具体和全面。这种模式也许还有诸多不足和值得改进的地方，在后续的操作中，这种评价方式还需要进一步完善。随着综合实践活动课程的开展，“雷达模式”的评价主体可能会进行添加或者删减，同时评价过程三级维度的内容也将会更加多样。这里所阐述的“雷达模式”评价结果的呈现，可以为我们提供一个好的思考方向。

对于过程评价，主要由学生自己、同伴、师长或其他有关人员参与，根据上述目标体系进行。综合评价可根据学生成果展示、动态档案等内容综合实施。

我们多次论及评价的多元、多样、全面，以及在评价活动中注意评价主体的多元性、评价方法的多样性、评价内容的全面性。因为评价主体的不同，评价内容及方式也不同，所以在评价的时候，需要根据具体的问题来选用评价方式。常见的评价方式有以下几种：教师的评价与学生的自评、学生间的互评相结合，小组的评价与组内个人的评价相结合，日常观察、书面材料与成果展示相结合，口头评价和文字评价相结合，定性评价与定量的评价相结合等形式。需要注意的是，不是在每个活动中都要呈现所有评价方法，而是有选择地进行评价。

综合实践活动课程的评价是复杂多样的，在建构评价体系的过程中也需要对学生的学习环境有动态、可变的呈现过程，要综合考虑评价的阶段性和连续性，将日常的评价和最后的综合评价相结合。结合之前在评价过程中提出的三个维度，在综合实践活动的实施阶段要考虑评价的顺序、内容、计划，对于每一个阶段的评价重点和目标要有明确的理解。

综合实践活动课程评价的“雷达模式”不是评价方式、主体和内容的无意义堆叠，而是根据实际需要有所侧重地进行评价。在活动的不同阶段，也要对于评价的侧重点有所把握，选择适宜的评价方法。

综合实践活动课程是跨学科课程的同时，也有着自己的内容，而这些主题和内容的界限并不是明确的、确定的，通常一个活动中会涉及多个内容。而综合实践活动课程开展受到阶段不同、地理位置、活动目标的设置等的影响，这些活动的呈现内容会随条件的不同而有所侧重。

教师在这个过程中，可能会产生一些疑惑：如何根据不同的活动阶段选择正确合理的评价方式呢？其实，虽然综合实践活动课程是多样的，但是在每个活动中也会有一些相似性和一般性的规律蕴含其中。例如，在设计思想的评价阶段，可以对学生选题的可行性和创造性进行评价，同时对于学生的设计思想进行评估。学生可以采用写实记录、口头表达等方式进行自评，也可以通过选题答辩等形式让大家进行互评，教师则通过观察、提问、引导和运用各类书面材料对学生进行评价。在行动实施评价阶段，针对学生综合实践活动课程中解决问题的能力和面对困难的表现、参与活动的程度、情感体验、团队合作意识等问题进行评价，学生可以采用写实记录的方式进行自评，也可以开展互评，教师则可以采用随机评价的形式对学生进行口头鼓励等。在价值成果的评价阶段，可以让学生对成果分享表达各自的情感体验，采用实物展示、情景表演、报告会、答辩等方式对学生的表现和团队的合作精神进行展示，同时结合学生自评、同伴互评的形式。这一阶段可能涉及其他评价主体，如家长、社会参与者等，所以也要为他们提供相应的评价方式。

在对上述不同主体的评价结果进行统合整理后，得出每位同学的最终评定结果。不含分数，也不评级，而只是持续追踪学生的活动记录，如图 1–3 是一份动态跟踪某学生成长的电子全息档案。

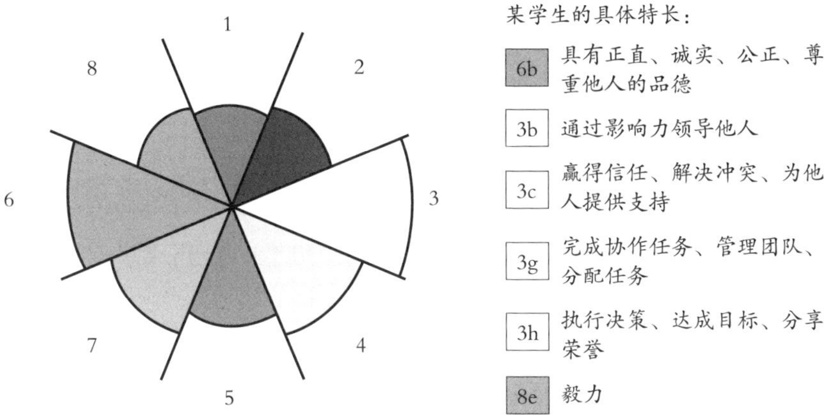

图 1–3 综合实践活动课程综合评价电子全息档案

图中直观表现了对这位同学 8 项能力的评估结果，哪项强（第 3、6 项），哪项弱（第 1、5 项），一目了然（评估内容参见表 1–10）。

电子全息档案为我们提供了一个值得思考的方向，就是在综合实践活动课程的评价过程中，如何达到这样的结果呈现形式？其实整个全息电了档案的呈现是一个集合的过程，是前期综合实践活动课程各个不同阶段的内容，通过进一步的组合并相互适应而形成的模型。这就像综合实践活动课程中的档案袋评价，但是与之不同的是这个档案袋囊括的内容更多，它将之前阶段性的评价也在这里进行了呈现，对学生各个方面的能力进行了整合。

同时，在这里还运用到网络评价法。在综合实践活动“弦外之音”中，教师利用了多种方式进行评价，如采用网络化评价的形式引导学生进行互评。通过互联网手机收集学生在综合实践活动过程中的客观资料、数据信息以及活动的成果，引导学生进行自我反思和相互交流评价，这样可以了解学生的学习态度、学习行为和学习结果等，并进行科学的分析，做出价值判断。但过分依赖于这种评价方式可能会导致教师无法直观了解学生情感态度的变化，因此网络评价的目的是通过评价学生的活动，为教师提供引导学生参与活动的手段，从而促进学生的发展。尽管这种网络评价的方式为我们提供了诸多的便利，在目前来看还无法克服一些问题，所以不能过度依赖于这种评价，而应该借助它能够为我们提供的多维空间、打破时间的限制以及其具有储存功能等诸多优势进行评价。

利用网络评价系统，建立学生的电子档案，电子档案的构成要便于学生分类上传他们的活动过程记录、作品、初步的研究成果以及自我反思等内容，上传的资料将作为评价的重要依据。这些内容可以是电子的文本资料，也可以是在活动开展过程中的图片、录音、视频等多媒体资料。学生的电子档案由教师进行管理、监督。

电子档案相较于纸质的档案，它所能容纳的内容更加丰富，进行评价的信息形式也更加多样，从而使评价的内容更加生动和灵活，操作也打破了时间、空间的限制，管理起来更加容易，以便于长期储存和复制。这种电子档案可以伴随学生长久的发展，对于学生发展性评价也提供了可能，进而能更加全面地对学生参与综合实践活动课程的程度进行评价。这种评价更加个性化，也更加客观，是基于真实情境的评价，更能反映学生的发展历程。这种评价不再是流于形式的，而是具有参考价值的，其中的资料也都是“一手”参考资料，而不是经过他人表述呈现的内容。

评价结果的呈现形式是评价理念和思路的集中体现，希望在这里所呈现的评价结果可以为大家提供一个评价的方向或可供借鉴的形式。

第一编　综合实践活动课程评价概述

第二章

基于问题的过程性评价

综合实践活动从学生的真实生活和发展需要出发，以发现问题为起点，以问题解决为目标，在活动过程中逐步提升学生对自然、社会和自我之内在联系的整体认识。从这个意义上讲，综合实践活动过程也是知识获得的过程，是帮助学生构建新的知识体系的过程。在综合实践活动课程中，知识是学生解决问题的资源与工具，也是学生在解决问题之中和之后所获得的认识与体验；既指名词性的知识形态（knowledge），又指动词性的知识技能与经验（knowing）。基于对知识的这种理解，本章结合具体的案例分析，将综合实践活动展开的过程，分为“确定问题与选择知识”“探究问题与获取知识”“过程反思与内化知识”三个部分，阐述如何通过过程性评价，让学生及时获得反馈，改进后续活动，有效达成综合实践活动的课程目标。

第一节　确定问题与选择知识

综合实践活动的第一步就是确定要研究的问题，问题的质量决定着整个探究活动的水平，影响着学生的发展。确定问题的环节应该包括创设情境、产生问题和激发学生热情三部分，因为问题来源于生活，所以教师需要在具有实际生活意义的情境中引导学生观察，进而产生问题。同时，对问题的兴趣和热情是学生持续实践的动力，那么在探究问题之前，教师就要激发学生对问题探究的欲望和热情。

一、创设情境

人生存和成长于不断变化的现实世界中，在现实生活中会遇到各种各样的问题，敢于挑战和解决问题是人在一生中时时刻刻经历着的事情。可以说，人就是在环境影响与自主选择之间取得平衡，以求得发展的。[1]综合实践活动的主题就源于学生所处的情境中，学生与接触到的情境在情感上、思想上、身体上相互作用，同时也与同学、老师进行思维的碰撞，体验感十足，问题随之产生。在情境中，学生能对问题产生强烈的探究欲望和情感共鸣，学生内心与问题相关的默会知识被唤醒，且具有强烈的表达欲望，这时教师要放手让学生积极表达自己的意见和想法，引导他们从各个起点、层次、角度等方面进行不断的假设，不管正确与否，这是发现一个问题的重要因素。所以说，创设情境对于教师来说是综合实践活动课程的一项重要任务。而且，与生活联系的任务和问题对

[1] 刘巧:《缄默知识视角下学生语感的培养策略研究》，硕士学位论文，四川师范大学小学教育专业，2015，第39页。

于学生的学习结果以及学习的主动性具有积极的作用。[1]

第一，情境的创设可以以媒体再现的形式进行。教师播放视频、图片让学生从视觉上、情感上感受整个片段，产生兴趣或疑问。比如：

片段 2–1[2]

教师播放美国 11 岁校园小记者采访的视频，营造一个小记者的采访情境，并问学生看到这些小记者的风采后有什么感受，是否想要亲自体验一次记者的工作。围绕“记者”这个主题，大家畅所欲言，提出了很多问题，如：采访谁？采访什么问题？被采访人会接受我们的采访吗？我们该怎样录制与播放采访过程……

第二，情境的创设可以用语言描绘。教师可以在课堂上让学生读自己写的周记，并向其他同学描述其上学路途中各种困难的情形，其他学生从周记中体会到该同学上学交通的不便利，并激发起他们对自己相似经历的回忆，接着学生展开激烈的讨论。形象生动的语言能有效地描绘出一个具有共情氛围的情境。

第三，对真实生活场景进行体会更是创设情境的一种好方法。教师可以带领学生走进真实的生活，引导学生观察、体会真实的生活世界。比如：

片段 2–2[3]

师：还有同学能跟大家列举一下城市的一些不文明现象吗？

生：老师，我认为我们可以到外面街道上、公园里等地方看看，就可以知道了。

师：那万一看了，但是同学们一回来就忘记了呢？

生：老师，我们可以分组行动，每个人都带着笔和纸记录下来。

[1] Juha Saukkonen “Effects of Project-based Learning in Education-enterprise Collaboration to Learning Experience and Student Engagement,” *Finnish Business Review*, no.16 (2014): 1-17.

[2] 邱文苹:《“学做小记者” 综合实践活动案例》,《综合实践活动研究》2011 年第 9 期。

[3] 姜平:《综合实践活动教学设计与特色案例评析》，首都师范大学出版社，2010，第 75 页。

一段时间后。

生：老师，在街上大家都大声说话，还都不讲普通话。而且，墙壁上有很多乱贴的小广告。

生：还有好多人在街道旁、公园里摆起了麻将桌、牌桌，聚众赌博。而且乱扔垃圾。

……

学生通过观看视频、体验语言文字所描绘的场景、全身心投入真实的生活世界，产生了许多感受，或是情感上的共鸣，或是疑惑，或是对未知的渴望，等等。情境也可以唤醒学生的记忆，将脑海中与其有关的知识经验和情感等都激发出来。比如从观看记者采访视频后，学生提出的问题，可以看出他们是否具有关于记者这个职业的相关知识。如果没有这个学习情境的再现，学生意识不到他们拥有这些知识。在此刻大家将内心的所思、所想、所拥有的情感都表达出来，并展开进一步的交流，从而改善、加深或完善认识。学生真实的感受更能给予自身强烈的体验感，进而激发出内心更多的想法。

当然，在综合实践活动课程中创设情境不仅仅在“选择主题”这一步中显得重要，它更是贯穿于整个活动过程，不断激发着学生的内心世界，使他们的内心更加丰富。

二、产生问题

问题是推动活动前行的主要动力。综合实践活动课程的开展以问题为起点，接着就是为解决这个问题而进行的一系列活动。提出一个问题是解决问题的第一步，甚至可以说比解决一个问题更加重要，那么问题意识就成为展开综合实践活动的基础。教师要尽量让学生形成问题意识，培养学生在现实生活中发现问题的能力。当然，教师作为课程的指导者，更是学生的榜样，他们拥有问题意识才能更好地指导学生提出问题。比如：

片段 2-3[1]

三个学生早上上学，因为堵车，公交车延误了半个小时，所以上课就迟到了。此前我在批改周记时意外发现，由于中巴车出城，摩托车被禁，到学校的公交车车线长而车辆少，学生往返学校的交通极其不便利。因为这是一个大多数学生关注的话题，所以我就围绕着这个问题，在课堂上请最近经常迟到的同学跟大家说说原因，又请相关同学读了读自己关于上学交通如何不便利的周记。

这位老师具有很好的问题意识，他及时抓住了学生最近关注的话题，将其作为一个主题在课堂中提出并让学生尽情讨论，由此激发学生的思维。教师能抓住这个问题也与其多年的教学经验有关，即在日常教学中能及时把握住学生的心理。

那么，教师要怎么做才能培养学生的问题意识，使学生能主动地提问、思考呢？实际上，学生的问题意识是在默会认识中渐渐形成的，当他们能在生活中不自觉地去观察社会现象，并随之进行思考和提问或者能对同学们的观点进行质疑，那么我们就可以说他们具有了问题意识。所以教师要学会引导学生去体验生活并对生活进行反思，能对身边发生的各种现象进行思考，并给予学生一个开放的环境畅所欲言。比如：

片段 2-4[2]

学生对中巴出城带来的变化表达了自己的看法：

“中巴出城真的很不好，我妈妈抱怨说，下班回家的路上公交车太拥挤了。”

“我之前去补习班的时候，总是在伍家岭坐中巴，很方便。但是中巴出城了，又没有公共汽车从伍家岭起点发车。最后我不得不等公交车，不仅等的时间长，而且每次都很挤。”

---

[1] 廖先亮主编《综合实践活动课程案例：3—6 年级》，武汉大学出版社，2003，第 1-2 页。
[2] 同上书，第 2-3 页。

……

在考察探究中同学们都非常活跃，很乐意发表自己的看法。最后同学们决定将“中巴出城”定为此次考察探究的主题。但是，同学们又发现这个主题太过宽泛，针对性不够强，探究问题的切入点不够精准，所以，大家讨论后又决定将活动的主题细化，使其更贴近自己的生活。

片段 2–5[1]

同学们又展开了一番讨论。

生 1：中巴出城带来出行的不方便问题会促进大家购买私家车出行，所以我觉得私家车的价格会发生波动，我们可以调查私家车的价格变化。

生 2：与同学讨论后，我们发现由于中巴出城，很多人都选择去坐公交车了，但是目前的公交车大家都觉得有很多的不方便之处，大家对公交的意见也非常大，所以我们想要调查公交车的出行现状。

生 3：调查公交的主题收集资料比较方便，是一个好的主题！这段时间以来，每天都有关于公交压力过大、公交不方便、市民吐槽公交的新闻。而且，采访的对象我们身边就有很多。

同学们发表了很多意见，最后根据实际情况和多数同学的兴趣，把主题定为“中巴出城，关注公交”。

学生讨论中巴出城给人们带来的各种出行不方便的现象，体现了他们对生活中的各种现象的细致观察，紧接着以头脑风暴的方式对此现象进行思考和说明，最后确定了活动的主题，这一过程不仅是培养学生问题意识的过程，更是发现问题的过程。

三、激发热情

学生的认知过程与其情感密切相关，认知内容、方式方法、投入程

[1] 廖先亮主编《综合实践活动课程案例：3—6 年级》，武汉大学出版社，2003，第 2-3 页。

度等都受到其情感态度的影响。爱因斯坦曾说，兴趣是最好的老师。可以说，个体对问题的热情是解决问题的基础，只有个体拥有积极的热情，渴望去解决这个问题，活动才能开展下去。热情是内在于个体内心的情感，这种情感的触动是个体默会知识获得的助推器。

个体将热情主动融入客体之中，赋予某个物体、事件或问题以强烈的感情，使其变得具有吸引力，由此也可以说，求知的热情具有选择性功能。比如：

片段 2–6[1]

根据学生提出的问题加以筛选归类，最后我们确立了三个子课题：一是新闻线索的捕捉；二是怎样采访；三是新闻的策划写作与播放。分组时学生根据爱好与兴趣自由结合，很快找到了自己的合作伙伴并选定了组长。

一方面，学生提出的问题肯定是他们觉得值得做的、具有兴趣的；另一方面，学生还可以根据自己的兴趣选择自己具有研究能力的问题。实质上，具有求知的欲望和好奇心能够使人表现出更好的想象力、创新力、批判能力和解决问题的能力。创造力的一个关键因素是个人的工作热情和从工作中感受到的乐趣。

同时，热情能使人保持对事物的积极态度，能延续学生的兴奋时长。学生对问题保持持久的兴趣，能促使学生主动地参与活动，并使实践过程变得更加有趣和欢乐。如果学生对于要探究的主题没有了兴趣和欲望，那么学生就很难将自己全身心地投入到活动中，甚至会产生排斥心理，最终难以进行有效的学习。[2] 波兰尼也曾说过："求知的热情不仅能肯定种种预示着范围不定的未来发现的和谐事物的存在，还能唤醒具体发现的前兆，并使人持之以恒、年复一年地对它们进行辛勤的追踪求索。"[3] 所

[1] 邱文苹:《"学做小记者"综合实践活动案例》,《综合实践活动研究》2011 年第 9 期。
[2] 孙龙存主编《小学综合实践活动案例解读》，南京大学出版社，2018，第 39 页。
[3] 迈克尔·波兰尼:《个人知识——迈向后批判哲学》，许泽民译，贵州人民出版社，2000，第 217 页。

以说热情也具有使个体长久进行一项活动的功能。

问题意识、情境活动以及保持积极的热情三者是交织在一起的，激发学生的热情可以通过创设一个具有良好氛围的情境来实现，在情境中也能更好地激发学生的问题意识。这三者是默会认识过程必不可少的因素，也是综合实践活动课程的重要组成要素。

第二节　探究问题与获取知识

学生该如何通过所确定的问题展开一系列的实践活动？首先，将大问题进行细化，罗列出各种要解决的小问题，以及选择什么方法去获得所需要的资料；其次，根据计划收集数据，将获得的资料进行整合，并对活动过程、结果及学生的表现做一个总结和评价。

一、制订方案

有了主题和问题，那么接下来就是解决问题，但是解决问题不是一蹴而就的，综合实践活动中的问题属于综合性的问题，涉及各种各样的知识，需要各种条件。波兰尼认为，要认识一个综合实在需要从其细节入手，只有识别出其细节以及细节之间的关系，才能达成认识。而制订一个方案可以使问题更加清晰，使个体能时刻注意到问题的各个部分。

首先，要分析问题。实践中要挑战的任务必须是与主题相契合的，不能是与主题无关的。[1] 第一步就是要将问题细化，从小问题、小细节入手，由细节走向整体。个体不能毫无目的、杂乱无章地去行动，以防造

---

[1] Ryszard Kleczek, Monika Hajdas and Sylwia Wrona, “Wicked Problems and Project-based Learning: Value-in-use Approach,” *The International Journal of Management Education* 18, no.1 (2020): 1-7.

成许多无用功，这样没有计划的行动有时候会使思绪越来越混乱，在迷雾中走不出来。从默会知识的理论看，人们一看到某个问题就会产生某些体会，比如看到一道题目，如何审题，哪些条件是重点，应该从哪里切入，应该用哪种方式去解决，需要哪些知识，这些都是在不知不觉中发生的。个体能感受到自己是否有能力解决这个问题，如果可以的话需要怎么解决，个体大致能估计出解决的步骤。分析问题的过程是默会的，依靠的是学生的默会知识，所以教师要注重激发学生的默会知识。

其次，要制订出活动的计划和步骤。制订活动计划是进行实践活动的前提，活动计划一般包括：小组成员、人员分工、活动的主题、活动的目标、活动的方式、时间的分配等（表 2–1）。

表 2–1　第一小组活动方案[1]

小组成员	肖珺（组长）、李德理、张俊义、彭旋、李琰、王舜、何梓龙等
活动主题	中巴出城后公交的应对措施
活动目标	1. 能围绕主题，通过多种途径收集资料，整理资料。 2. 学会撰写采访提纲和采访记录，礼貌、大方地与陌生人交流。 3. 小组成员分工合作，能克服活动中遇到的困难。
活动方式	剪报、上网查询、外出采访
活动内容及分工	1. 肖珺等同学负责上网查资料。 2. 李德理负责联系采访人，张俊义负责配合，完成采访司机任务，并做好记录。 3. 彭旋负责组织其他组员从报纸上收集资料，整理资料。
预计成果展示方式	报纸资料、网上资料、采访记录

制订计划一般是在教师的指导下，由小组内学生自主合作进行的。在一定程度上也可以说，制订计划的过程就是学生将默会知识显性化的过程，要求学生将如何去解决问题的想法用语言表述出来。如果学生是第一次填写计划书，可能会感到迷茫，不知道如何下手，教师可以结合计划书以提问的方式加以引导。

[1] 姜平:《综合实践活动教学设计与特色案例评析》，首都师范大学出版社，2010，第 5 页。

总的来说，计划书里的内容是根据小组和个体的需求，学生自主设计的。制订计划可以使活动更加有秩序，条理更加清晰，也能提升问题解决的速度。但是，值得注意的是制订计划只是给综合实践活动指明了一个方向，其中使用的研究方法、研究的内容并不是一成不变的，考虑到现实情况的不确定性等原因，它们都是可以变化的。

二、实施计划

制订好计划，学生就可以有序地展开综合实践活动了。课程要求学生身心合一地参与活动，"动脑"与"动手"相结合，在做中去获得相关的知识和发展相应的能力，这与波兰尼的默会知识具有很多共性。波兰尼认为默会知识的获得是通过"寓居"而来的，它是一种与行动关系密切的知识，只能在行动中表现出来，并深藏于实践中。在综合实践活动中，个体通过对话交流、合作探究、观察模仿、体验反思等行为对知识进行理解性的学习，并能在体验和实践中进行思考。在实施计划中，学生主要是从以下几个方面获取知识和发展自我的。

一是在互动中体验和获得知识。在人与人之间的互动中，知识会在人群中流动起来，每个人都可以分享自己的知识。不同的想法、意见相互碰撞，个体通过这种互动交流不断获得新的知识，以及领悟新的意义等。学生可以通过在"制订方案"中提到的"对话交流"来进行知识的分享，也可以通过小组合作中组员与组员之间的相互影响来完成知识的分享和交流。

片段 2–7[1]

问：我外出采访时最怕被人拒绝，你们在采访中遇到过这样的困难吗？

答：其实我们这一次采访也不是一帆风顺的。我们到陈家湖车站，

[1] 廖先亮主编《综合实践活动课程案例：3—6 年级》，武汉大学出版社，2003，第 9 页。

去值班室找公交车司机采访。开始，我们连问了两位叔叔，他们都说没有时间。我都准备打退堂鼓了，彭旋要再试一试。我们又鼓起勇气问了好几个人，最后有一个阿姨说："来，你们采访我吧！"我们高兴极了，紧着说了好几声谢谢。我觉得被人拒绝也没什么，只要多问几个人，多解释几句，总会有人支持我们的！

因为多次的受挫，有的组员想要放弃采访，但是有人提议再试一试，最后大家没有放弃，坚持了下去，最终完成了任务。在这个片段中，可以看到一个人是可以影响整个集体的。在合作中，大家可以相互学习，互相督促，面对有困难的问题时，不会在第一时间想着放弃，而是会再试一试。这种影响是潜移默化的，培养了个体不放弃的精神。

二是在观察和操作中体验和获得知识。"导师制"是获得知识和技能的有效方式，具体的表现就是由导师示范，学生观察示范者的行为，然后进行操作练习。通过观察，知识被学生所捕获，也许不是特别的清楚，只是一些模糊的概念；接着个体进行操作活动，在操作中再理解和再体会，反反复复，个体慢慢地领悟知识的意义；最后内化为自己的知识。

片段 2-8[1]

嫁接，可能很多人觉得这是一项很难的技术活，但是在我们的陈师傅手上就是一件小事情。

选择要嫁接的枝条必须粗壮有活力，这样植株嫁接成功的概率就高很多。选好枝条，陈师傅开始削芽。将枝条锯掉一些，并将锯好的枝条打磨平滑。这就是砧木或台木（陈师傅特别提示：锯枝条时要选周围都光滑的部位，不能锯到有枝丫的部位）。看见陈师傅在剪枝丫，我们纷纷表示好奇："我们已经锯好枝条了，为什么您还要把这个枝丫也剪掉呢？"

陈师傅说："将它剪掉是为了留存营养，这样所有的营养都供给到了

[1] 季敬堂主编《义乌枣文化综合实践活动案例精编》，浙江科学技术出版社，2019，第 23-25 页。

嫁接处，嫁接的枝条就长得好。”这是陈师傅从品质优良的枣树上精挑细选的富有生命力的枝条，它是我们今天的主角——接穗（接上去的枝或芽）。

陈师傅说这还是不完整意义上的嫁接，因为缺少了一个重要环节：用塑料条缠绕，缠绕时必须紧紧包裹住接穗和台木。原来嫁接时，要使两个伤面的形成层靠近并扎紧在一起，让细胞增生彼此愈合，需借助外力，那就是塑料条的缠绕。到此为止，才算完整的嫁接。

初步学会了嫁接，我们体会到了劳动的乐趣，也由衷感叹农业技术的神奇，更感叹生命的精彩。

通过观察师傅的行为，嫁接的默会知识从师傅传递到了观察者那里，再经过学生的操作最终熟悉和内化于学生的心中。这个过程中，只有与教学者的行为模式和心理状态高度统一，学生才能理解和掌握其中的知识。

三是在想象中体验和获得知识。想象是人的意识的特征，是不由人控制的自我澄明的本质能力，是人之所以为人的基本意识功能：人不能被动地从周围世界摄取感知，而必须获得对事物的“理解”，这就非要想象参与不可。[1] 想象可以激活个体以往积累的经验，与当下的场景建立联系，对认识对象的片段感受加以综合性的整理，在对比、挑选、综合中加深对事物的理解。同时，想象力对于创造性思维的培养是非常有效的，在想象中，重组经验往往能发现、挖掘出很多新的智慧和惊喜。

片段 2–9

小螃蟹找妈妈

春天来了，小螃蟹在海边孵出来了。

某一天，小螃蟹看见一群小鱼跟随着鱼妈妈在水里玩耍，它就想起

[1] 赵毅衡:《先验与经验的想象：日常与创造的想象》,《福建论坛（人文社会科学版）》2015 年第 10 期。

了自己的妈妈。它游到鱼妈妈身边，问道："你看见我的妈妈了吗？"鱼妈妈回答："你的妈妈有八条腿呢，你去前面看看吧。"小螃蟹开心极了，对鱼妈妈说："谢谢。"小螃蟹踏上了寻找妈妈的旅程。

突然，一只章鱼游了过来，小螃蟹喊道："妈妈！"因为小螃蟹看到章鱼有八条腿，但是章鱼说："我是小章鱼的妈妈，不是你的妈妈。你的妈妈有一双凸起的眼睛呢。""谢谢您，章鱼妈妈。"小螃蟹道谢完就继续往前寻找妈妈。

游着游着，一只有着一双凸起的眼睛的金鱼出现了，小螃蟹兴奋地喊道："妈妈！"金鱼连忙回答："我不是你的妈妈哦，我是小金鱼的妈妈。你的妈妈有两只大钳子。""谢谢您，金鱼妈妈。"小螃蟹再次向前游去。

接着，它又看到了一只有着一双大钳子的虾游了过来，小螃蟹大喊："妈妈！妈妈！""我是小虾的妈妈。你妈妈的身体很宽，上面有一个硬壳。"小螃蟹继续往前游着寻找妈妈。

这时，恰巧是螃蟹妈妈来了，它赶上了小螃蟹，说："好孩子，妈妈在这里。"小螃蟹瞥了一眼螃蟹妈妈，心想：它有八只腿，有一双凸起的眼睛，有两个大钳子，一个宽阔的身体，后背有一个硬壳。小螃蟹开心极了，它终于找到了妈妈。

小螃蟹跟随妈妈在水里快乐地玩耍了起来。

学生通过想象创作童话小故事，在小螃蟹找妈妈的过程中，遇到了很多的小动物，每遇到一个小动物就和自己认知中的妈妈进行比较，妈妈的特点就会越明晰，最终找到了自己的妈妈。通过想象的童话小故事，学生对比了不同的知识，反思和重构了自己的知识框架。想象也强调思维的重要性，创造性的行为就是通过连接看似无关的概念来发展的。[1]

[1] Sarnoff A. Mednick, "The Associative Basis of the Creative Process," *Psychological Review* 69, no.3 (1962): 220-232.

三、评判结果

评判结果是综合实践活动课程实施中必不可少的一环，通过评判结果可以了解学生的学习效果，可以得知学生知识获得的情况。综合实践活动课程评判结果的方式、主体等都具有多元性。

表 2–2　首义路小学综合实践活动课程学生评价表[1]

课题名称	首义园的环境状况调查				
学生姓名	熊煜		指导教师	闵老师	
项目	自我评价	家长评语	教师评语	小组互评	自我小结
我在课题组研究活动中的表现	我能积极参加研究活动，和组员合作得很好。	希望你能坚持并有所收获。	你确实有团结协作精神。	他能积极参加活动，起到了模范带头作用，他调查时有礼貌。	这项活动丰富了我的课外生活。我从中学到了很多课本上学不到的知识，体验到了研究的乐趣。今后我会多参与这样的活动，把我的胆子变得更大一些。
我在课题组中承担了什么任务及完成情况	我负责访问游人，很多游人都回答了我的问题。	看来这次活动让你有较大的转变，继续努力。	继续努力，相信你会学到更多知识，能力会变得更强。	他胆子很大，在调查中口齿伶俐。	
我在课题组中作出了什么贡献	我起到了带头作用，我还积极想办法。	进一步努力，争取做课题负责人。		他访问了很多游人，提供了许多材料。	
我在本课题研究中有什么收获	我了解到首义园环境很好，我能更好地与别人交流。	希望你多参加这样的活动，我们是你坚强的后盾。		他肯定锻炼了口才，表达能力更好了。	

[1] 廖先亮主编《综合实践活动课程案例：3—6 年级》，武汉大学出版社，2003，第 194 页。

表 2-3　学生收集资料情况评价表[1]

	主动参与	大胆表现	创意水平	成果收获
自己				
教师				
同学				
家长				

表 2-4　学生活动评价表[2]

评价准则	评价等级			备注
	非常好	比较好	再努力	
积极参与主题选择				
问卷方法设计合理				
小组合作收集资料				
适宜方法整理成果				
制订计划有效实施				

片段 2-10[3]

“我是消防员”活动汇报展示

师：同学们，经过几个活动，我们已经了解了许多消防安全知识。在今天的展示会上，请大家从活动档案袋中拿出自己的成果，交流这几个阶段活动中都有哪些收获。

[1] 廖先亮主编《综合实践活动课程案例:3—6 年级》，武汉大学出版社，2003，第 351-352 页。
[2] 杨培禾主编《综合实践活动课程论》，首都师范大学出版社，2019，第 224 页。
[3] 李森主编《综合实践活动课程实施案例》，西南师范大学出版社，2004，第 255-256 页。

生 1：在这次活动中，我收集到了许多有关火灾的资料和图片，这些资料和图片记载了我国近几年来各大中城市发生的特大火灾。（学生一边展示，一边解说）

生 2：这次活动，为了调查消防设施，我们小组几乎走遍了所有的公共场所，形成了这张数据表。（展示数据表）

生 3：根据这次调查活动，我们小组排演了一个小品。（表演小品《太大意》）

第一，从评价主体来看，注重评价主体的多元化。在表 2–2 和表 2–3 中，评价的主体有学生自己、同学、教师和家长，这些评价主体（“自己”除外）都是与被评价者在综合实践活动课程中具有密切联系的人。综合实践活动课程非常强调人与人之间的互动，在实践中，学生与同学、教师、家长以及其他相关人员都有互动，学生就是在这种互动的过程中获取知识的，因此这些人都可以作为学生的评价主体。同时，多元的评价主体进行的评价更具有全面性和公正性，不同的评价主体能形成互补，由于每个人的眼光、思想和关注点不同，评价者从被评价者身上看到的东西自然就具有差异性。

第二，从评价的方式来看，强调对学生进行表现性评价。表现性评价是和纸笔测试相对应的一种评价方式，它要求在尽量真实的情境中，运用评分规则对学生的表现做出判断。[1] 表 2–2 中的评价方式就是用描述性的话语评价学生在综合实践活动中的表现，“口齿伶俐”“积极参与”“有礼貌”这些词语都是用来描述学生的行为表现的。描述性的评语式的评价能够使学生不再和其他同学比较，而是立足于自己的发展，这样既能使教师认识到每一个学生的发展空间，也使学生从前后对比中了解自己的进步。片段 2–10 的成果展示活动也是表现性评价的方式之一。学生参与综合实践活动的情感态度及其变化、能力发展情况、对研究方

[1] 周文叶：《让学生做课堂的主人：表现性评价的实施》，《当代教育科学》2013 年第 16 期。

法的使用和掌握情况都可以从学生的外显行为看出来。表现性评价重视评价方法的运用，观察行为在评价实践中必不可少。通过观察个人的行为或者小组的互动，观察他们的行为变化，或是他们在小组互动中是否改变了自己的观点而对他们进行评价。[1] 因此，教师需要在实践活动中记录好观察内容，以便能对学生进行有效的评价。

第三，从评价过程来看，遵循过程性评价和结果性评价相结合的原则。因为综合实践活动课程知识的获得是一个持续的、动态前进的过程，知识是在实践的过程中不断生成、不断被整合以及不断被运用的，所以过程性的评价也非常重要，它可以把评价的信息反馈给学生，在反馈信息的指导下学生可以更好地进行实践活动。同时，过程性评价可以作为记录而存在，它可以指导结果性评价的展开，与结果性评价互相补充；也可以成为结果性评价的内容，使结果性评价变得更加完整。

第四，从评价的内容上看，重视学生思想方法的评价。比如，如何制订计划和收集资料、懂得小组合作和团结、能学会使用问卷调查和访谈方法等。其实，这些思想方法是综合实践活动课程学习所要达到的目标，是课程背后的精髓。但是，它们都是渗透在过程中难以言说的默会知识，个体在潜移默化获取知识的同时，在不知不觉中就掌握了关于实践活动开展的诀窍。同时，学生掌握的思想方法又反过来指导着学生的探究活动，使他们能像专家一样去思考问题，深层次地分析问题。因此，教师在指导学生进行综合实践活动的时候，要更加注意引导学生对相关思想和方法的掌握。

[1] Chad Hoggan and Patricia Cranton, "Promoting Transformative Learning Through Reading Fiction," *Journal of Transformative Education* 13, no.1 (2015): 6-25.

第三节　过程反思与内化知识

杜威把反思性行为界定为一种根据支持的理由及其所导致的结果，对任何信念和实践进行积极的、持续的和仔细考虑的行为。反思是提升学生自我能力，对自己的经验进行认错纠偏的必然途径。如果在实践的过程中不及时进行反思，那么就没有所谓经验的积累。所以，学生在实践活动中要不断地对自己的体验、技能、信念、手段等进行思考、检验、修改以及补充。反思不仅能促进学生主体性的发挥、能力的发展，而且还是调控整个学习的手段，使其自觉地对自身认知结构、学习活动及其所涉及的相关因素进行批判性审视，对将要开展的学习活动进行创造性的预见，对学习活动过程中发现的问题进行科学性的探究。[1]

反思贯穿于整个活动，不管是在发现问题、制订计划还是开展实践中，反思都不可或缺。反思有各种方式，可以自省式的反思，比如写日记；可以在合作交流中进行反思，比如小组讨论。只有经过反思，学生才能认识到自己的进步或是不足，改进自己的行为。

一、反思问题

综合实践活动课程以“问题”为实践的开端，问题的可行性影响着课程的展开进程以及课程的质量，如果提出的问题不可行的话，那么活动的意义何在，活动如何能进行下去？总之，学生在提出问题后需要对问题进行反思，一个好的问题将事半功倍。

[1] 吴秀娟、张浩、倪厂清:《基于反思的深度学习：内涵与过程》,《电化教育研究》2014 年第 12 期。

片段 2–11[1]

当活动主题确定为“我们一起走进首义园”之后，同学们围绕主题，七嘴八舌地提出了自己感兴趣的问题，教师把同学们提出的形形色色的问题都写在了黑板上。

（1）首义园的具体位置在哪里?

（2）首义园里的食品干净吗?

（3）首义园有多少家餐馆?

（4）光吃铁板鱿鱼好吗?

……

片段 2–12[2]

同学们思维活跃、想象力丰富，面对满满一黑板各种各样的题目，他们又犯愁了，到底该研究哪个呢？教师引导学生举行了一场小小辩论会，如邓亮同学提出“光吃铁板鱿鱼好吗？”唐地同学很有条理地发表了自己的看法:“很明显，他提出的研究问题很好，但与我们班活动的主题不是很有关系，而且他自己也不能说出研究它的理由。所以，我认为应该作为他自己的研究课题。”像这样的问题还有很多，如“首义园的空气好吗？”“水为什么有不同的颜色？”等等。同学们都提出了自己的意见，最后得出一个结论：我们研究的问题必须具有可操作性，并且要与我们的主题有关。根据这一原则，初步淘汰了一些问题，合并归纳了一些类似的题目，最后确定了如下 8 个子课题：

（1）首义园怎么游?

（2）首义园的历史与现在。

（3）首义园的建筑有什么特色?

……

[1] 廖先亮主编《综合实践活动课程案例:3—6 年级》，武汉大学出版社，2003，第 179-181 页。

[2] 同上。

在确定主题后，同学们提出了一系列的问题，但并不是每一个问题都是值得探究的。那么，哪些问题值得探究、哪些不值得探究、值得体现在哪里、不值得体现在哪里呢？这就需要对全部的问题进行反思和辩论。首先，需要反思问题与主题的关联程度，分辨其是否有探究的价值。片段2–12活动中探究的主题是“首义园”，有同学提出“光吃铁板鱿鱼好吗？”的问题，它与主题毫无关系，不能满足学生的需求，所以在这堂课里不具备探究的价值，不能作为活动要探究的问题之一。其次，要反思问题是否具有可操作性和可行性。如果说解决这个问题是根本做不到的，或者说该问题就不能进行操作和实践，那么它就不是一个好问题，因为它探究不出结果来。

那么，如何才能促进学生对问题进行有效反思呢？首先，需要教师培养学生的反思意识，引导学生进行反思性行为。也许学生一开始没有进行反思的意识，教师就需要帮助学生进行反思。教师可以营造一个能激发学生反思的情境，激发他们思考的欲望。面对需要反思的问题，教师或是以提问的方式，或是以学生阐述选题缘由的方式促使学生对问题进行分析和反思。值得注意的是，要让学生明确要探讨的主题内涵是什么，使反思有方向，更具有针对性。其次，为学生提供问题可行性的标准。学生在分析过问题后，对比问题可行性的标准，进而认识到问题探究的可行性与价值。只有达到可行性标准的问题才能被选定下来，没有达到标准的问题学生可以修改或是重新选择一个。

二、反思活动方案

（一）在实施方案前对方案本身进行反思

活动方案作为学生活动的指导性存在，非常有必要在实施前对其进行深入的反思。良好的活动方案是学生能顺利展开活动的保障，开头做好了，接下去的路就会好走很多。如何对活动方案和方法进行反思呢？可以开展一个开题报告答辩活动。

片段 2-13[1]

1. 提交开题报告，组织教师评审小组进行评审。

2. 教师评审小组和全体同学一起听小组长陈述开题报告内容，每一名同学都当评审员，评审员可以对陈述者的陈述提出质疑或者建议。当然，陈述者可能是一个或是两个，但是全体的成员都要参与到答辩中，对评审员提出的质疑和建议进行思考，在提问和回答中逐渐优化自己的方案。对于一些小组成员没有意识到的问题，在答辩中提出后可以由大家一起讨论。如唐地小组的研究步骤写得太简单、太抽象，很多同学都提出建议，希望他们小组的研究方案更明确具体一些，想得更远些。该组成员很虚心地接受了同学们的建议。当然，不用去做出谁的主意好坏的评价，这要留给唐地他们自己在实践中去思考。

3. 修改开题报告。

片段 2-13 的开题报告组织了教师、全体学生一起进行答辩。首先，强调学生的自我阐述。答辩中需要学生阐述自己的活动方案，实际上阐述方案的过程就是学生再思考的一个过程。学生可以通过语言再次梳理自己的方案，明确的和不明确的地方都会在答辩中暴露出来。其次，强调提问、对话和交流，进行合作性的反思。根据组长的阐述，不同组别的学生就疑惑或感兴趣的地方相互质疑、提问、建议，通过学生之间的交流，可以发现方案中的不足和优点，小组之间可以取长补短。对于其他组的意见，阐述小组可以选择性地吸取。通过答辩，不同小组之间可以相互吸取方案的优点，并进一步明确开题报告撰写的要求以及重难点。

（二）在实践中不断地反思自己的方案和方法

即使学生在实施方案之前就对方案进行过反思，但是并不能代表这个方案就是完美无缺的。即使付诸过行动的方案，也不能保证它完全适用于接下来的行动。同时，综合实践活动课程的生成性也使实施的过程

[1] 廖先亮主编《综合实践活动课程案例：3—6 年级》，武汉大学出版社，2003，第 184 页。

具有不确定性，所以个体需要在实践中不断反思研究的方案和计划，根据真实情况改变和完善自己的计划。

片段 2–14[1]

在爱心银行筹资实践活动过后，我组织学生进行了讨论。

生 1：我们这组开展活动的内容太多了，又是打气，又是卖书，如果只进行一项，应该会组织得好些。

生 2：我想找几个趣味相投的同学组成一组，这样好开展活动些。

生 3：我们的准备工作做得不够，有一个人拿了十元钱买水，因为我们没有零钱找，他就没买成。

片段 2–14 中，在某一阶段的活动结束后，学生对这一阶段的实践进行了反思：有同学认为他们的研究方案中设立的活动内容过多，导致筹资过程组织困难，经过反思后，他们认为只进行一项活动有利于活动的展开，求精不能求多；有的同学认为准备工作做得不够，在实践中没有达到理想的效果。任何设计都需要考虑到它的可行性，在活动前需要预测一般会出现的情况，最好能在行动前就做好准备。在实践中持续反思自己的活动方案与方法，能够有效促进实践活动方案的不断优化。在反思中发现不足，才能够有效指导下一阶段活动的顺利展开。

三、反思活动结果

片段 2–15[2]

学生谈收获：

生 1：我长大了想当消防员，因为我觉得消防员很勇敢，在大火中他们一点儿也不害怕。

生 2：我觉得火灾很可怕，它给我们的家庭和社会造成了严重危害。

---

[1] 姜平：《综合实践活动教学设计与特色案例评析》，首都师范大学出版社，2010，第 71 页。
[2] 李森主编《综合实践活动课程实施案例》，西南师范大学出版社，2004，第 254-255 页。

原来我以为引起火灾的就一定是火，这次活动后我知道了原来电和液化气使用不当同样会引起火灾。因此，我认为我们在日常生活中要注意安全用火、用电、用气。

生 3：这次活动使我真正了解了消防员叔叔为了保护人民生命和财产安全，是怎样苦练基本功。我认为他们是我们学习的榜样。

生 4：这次活动既培养了我口语交际的能力，又锻炼了我的胆量。过去，我一直害怕和别人说话，但是经过这次活动我变得爱说话了。而且，在活动中我们不仅学到了许多知识，也掌握了一些技巧，比如怎样维修灭火器。

生 5：这次活动让我学会怎样在火灾中保护自己，怎样在火灾中进行灭火。我想，假如以后真遇到这种情况，我绝不会束手无策。

家长谈变化：

家长 1：孩子通过这次活动，在家里特别注意用火、用电和用气的安全了。有时我做饭忘了关液化气都是他提醒我。

家长 2：在这之前，我的孩子在家从来不会主动做事，可经过这次体验活动后，孩子就像变了一个人似的，家里的一些小事她也主动自己干了。有时我问她，她笑笑说："妈妈，你们工作很辛苦，我自己能做的事，就让我自己做吧！"

片段 2-16[1]

生 1：我原来认为自己永远比不上别人，就是有抱负也不敢表露出来，有点儿自卑。自从开展了综合实践活动后，我学会了与别人交往，慢慢觉得自己跟别人一样，没有多大差别。只要大胆做事，没有比不上别人的。

生 2：我们小组第一次开展活动的那一天，我们来到旺和超市前，铺好摊子，准备开始卖陶器。可是，我们谁都不敢叫卖。这时候，我自告

[1] 姜平：《综合实践活动教学设计与特色案例评析》，首都师范大学出版社，2010，第 73 页。

奋勇站出来，说:“我来吧！”然后，运足气一本正经地站在台阶上。可是，我突然一下又害怕起来，来了个“失声”。他们都哈哈大笑起来。第二次，我鼓起勇气大声喊道:“卖陶器喔。买一个陶器送一张五城会报纸，只需三元钱！”喊完后，我心想：这是我第一次叫卖呀！其他同学看到我的表现后，也大胆地叫卖起来。真是万事开头难！

生 3：我觉得这样的活动不仅增长了我们的见识，还丰富了我们的生活，让我们懂得了并不是所有的知识都在书上，有些知识要通过动手、动脑、实践等各种方法去发现、揭开、感受它的奥秘。我也希望以后多开展这样的活动，让我们学到更多的知识。

片段 2–17[1]

在最后的总结交流中，同学们都说了说自己在本次活动中的收获。

生 1：这次活动锻炼了我的口头表达能力。通过外出活动、采访别人，我明白了语言表达能力很重要。今后我要利用一切有利场合，训练自己的口头表达能力。

生 2：我不仅知道了看报纸可以收获很多新的知识，而且已经养成了看报纸的好习惯，还在本次活动中学会了摄影。

（一）在反思中认识到自己的不足之处

学生在反思中能发现自己在活动中哪方面做得不够好，在做什么事情和面对何种情境时具有一定困难，等等。经过反思，学生能对自我产生一个正确和清晰的认识，比如片段 2–15 中有学生认识到自己对引起火灾的原因了解不足、意识到自己胆量不够大等；片段 2–16 中有学生认识到自己过于自卑。学生在认识到自我不足之后，反过来又能在实践中进一步去改善自己的短板。总的来说，反思结果具有两个突出的优点。首先，重新认识自我。其次，激发个体改善自身不足。个体能意识到自己的不足对于其以后的发展具有重要的意义，让学生明确自身发展的需求，

[1] 廖先亮主编《综合实践活动课程案例：3—6 年级》，武汉大学出版社，2003，第 195 页。

促使他们能进行有针对性的、高效率的学习行为。比如片段 2–17 中，学生发现口头表达能力非常重要，而自己有所欠缺，就在活动中尽可能去锻炼，并决定今后要利用一切场合锻炼自己的口头表达能力。

（二）在反思中使情感态度和价值观得到升华

片段 2–15 中，学生在反思自己的研究收获时，进一步认识到了火灾的可怕，体会到了消防员的勇敢以及消防员工作的艰辛，感受到了消防员不怕苦、不怕累的工作态度和积极乐观的人生态度，从而对消防员产生了积极的、正向的情感，发生了态度的转变。同时，个体的价值观也得到了塑造。比如，片段 2–15 的家长谈孩子变化时提道，孩子本来在家从不主动做事情，可是此次活动后主动帮助妈妈干活，自己的事情自己干，这是因为她感受到了工作的辛苦，对妈妈产生了感恩之心，体现在行动上就是孩子尽自己的努力帮助妈妈分担事情；片段 2–16 中，学生从自卑到认识到自卑对自己产生的不好影响，进而努力去大胆做事，改正自己的不足，这将促使学生的身心更加健康的发展。学生在实践中情感和价值观已经得到了培养，反思行为将学生的情感态度和价值观摆到了明面上，使学生认识到自身的变化，这将进一步促使学生情感态度和价值观的升华。

（三）在反思中促进学生知识的内化

学生反思自身收获的过程，使他们再一次梳理和巩固了知识。比如在片段 2–15 中，学生说到其掌握了维修灭火器的技巧，知道了怎样会引起火灾，如何在火灾中保护自己。该行为使学生在脑海中再现了知识，复演了知识所适用的情境以及运用知识能解决什么问题，并反思了自身对知识的理解程度，进一步加深了对知识的理解。对知识的理解往往不是通过一次学习和运用就能达到的，需要经过反复的思考和理解才能将知识刻入脑海中。

第三章
基于证据的结果性评价

综合实践活动具有动态发展性，设计与实施综合实践活动课程评价要以促进学生综合素质的持续发展为目的，因此，过程性评价不可或缺。而学生通过亲身实践获取并内化于心的知识，只有呈现在文字或实物上，才有助于进行更清晰和有效的评价，也使他人更便于理解。这便是基于证据的评价的内涵。综合实践活动课程作为结果的证据主要包括两大类，即问题得以解决和成果得以物化。所以，本章以物化的产品作为结果性评价的内容，论述如何从整体上对学生在综合实践活动中的表现做出评价。

第一节　问题得以解决

问题得以解决对于学生的发展具有重要的意义，能够表现和发展学生的某些能力和精神，是学生获得知识的确证依据之一。比如分析资料的能力、收集数据的能力、团结合作的精神等。由于实践的过程就是解决问题的过程，所以关于问题得以解决的表现需要在过程中寻找，在解决问题的每一个阶段都进行有效的评价。

一、问题得以解决的意义

（一）有利于个体综合性知识的获得

综合实践活动课程所面对的问题是生活中的综合性的问题，所以学生在解决问题的时候必须运用综合性的知识。传统的教学每一门课程都只是学习本学科的知识，很少会有涉及其他学科的知识，但是知识与知识之间是相互联系的，人们不应该将其割裂开来。而解决实际问题会有效地将学生的各类知识联系起来。经过解决问题的过程，学生认识到各类知识之间的联系与区别，并将各类知识都整合为一个整体，形成知识的网络体系。目前，社会招聘人才非常注重个体的跨学科经验和创新思维，[1] 综合性知识的获取有利于个体这些能力的提升。

（二）有利于培养个体解决问题的能力

培养个体解决问题的能力是综合实践活动课程所要实现的目标之一，培养这一能力最重要的就是先使个体能够发现问题，进而对问题加以研究，最后获得解决问题的能力。解决问题的能力是一种综合性的素养，

[1] Katherine Dunsmore, Jennifer Turns and Jessica M.Yellin, "Looking Toward the Real World: Student Conceptions of Engineering," *Journal of Engineering Education* 100, no.2 (2011): 329-348.

是学生基于复杂的情境背景，整合运用技术性、方法类、判断性、学问性等知识，投入充沛的情感，展开实际行动，在与他人合作交流中培养、发展以及表现的，是人类适应现实生活，应对生活挑战，促进社会发展，实现创新的重要能力。

（三）有利于培养个体面对问题的积极态度

问题得以解决不仅仅是解决一个问题，它可以带给个体愉悦感和自豪感。基于此，在现实生活中个体面对各种实际问题带来的挑战时，能以更积极、乐观的态度去面对，愿意付出努力去进行探究，是问题得以解决的重要推动力之一。同时，问题得以解决能使学生的自信心增强，在面对困难的时候不退缩，相信自己可以战胜困难，能以沉着冷静的态度做出有效的选择。所以，教师在实践中指导学生分析解决问题时，不能选择过于困难的问题进行探究，也不能选择过于简单的、没有挑战性的问题，这些都不利于学生积极态度的培养，会挫败学生的自信心，导致不能正确认识自己；要选择那种学生需要付出一定的努力才能够解决的问题，这对于学生的发展是有积极意义的。

二、问题得以解决的表现

问题得以解决不能单从结果正确与否来判定，问题被解决了不能说明学生已经学会了解决问题。众所周知，不同的路径能通向相同的结果，误打误撞有时候也能获得正确的答案，但是过程是骗不了人的，在过程中进行评价能观察学生在解决问题时的表现。同时，在解决问题的过程中不断会出现新的问题，所以学生问题得以解决的评价应该是伴随着实践过程的。在具体实施中，评价从一开始就嵌入学习，伴随着学习的展开，评价也同步展开，一边分析学生的问题解决能力，一边为学生提供反馈。把评价作为学习活动的一部分，学生根据阶段性评价反馈的信息改变或完善计划来实现学习，这个过程也促进了个体解决问题能力的提高。评价还可以是在学习结束之后进行的一个总结性评价，评判学生的学习效果，为之前的过程性评价提供补充性的证据。评价贯穿于学习过程的始终，成为学生自主学习的一种管理手段。[1] 具体而言，问题得以解决的评价可分解为以下几个部分。

一是提出问题和分析问题。问题得以解决的首要表现就是学生能基于实际的情境发现问题的价值。如表 3–1 所示的发现问题的评价，最值得表扬的就是学生能够根据自己的观察主动发现问题。这属于较高的发展水平，是学习力求达到的目标。能在现实中主动发现问题是创造性行为的前提，是推动社会发展的有力条件。其次是学生能够分析问题的重点。分析问题要求学生能从各方面考虑问题，所涉及的要素都要细细思考，比如涉及不同的学科知识、真实的现实生活的要求等，着重把握学生思维的全面性。

表 3–1 发现问题评价表[2]

	水平一	水平二	水平三	评级者		
				师评	他评	自评
发现问题	通过自己的操作观察，能够主动发现问题。	在他人启发下，通过操作、观察能够主动发现问题。	在他人的明确指导示范下，能够观察发现问题。			

二是计划和组织活动。解决问题是一个复杂的活动，没有计划和组织往往很难走到最后。计划和组织能够监控实践活动的展开情况是否顺利，并及时调控活动的轨道。这要求计划具有严密性和逻辑性，层层递进，分工明确但又相互联系，能有效指导活动的展开以及选择解决问题的工具和方法，能有效地获取资料解决问题。同时，也要求计划和组织的活动具有较大的弹性空间，个体能在进行实践活动时灵活变通，沉着冷静地面对与计划相冲突的状况，在冲突中找到平衡点，重新找准实践

[1] 李峰:《学生问题解决能力的评价：在线伴随的视角》,《中国远程教育》2019 年第 8 期。
[2] 杨培禾主编《综合实践活动课程论》，首都师范大学出版社，2019，第 224 页。

的方向。

比如关于解决方法的选择，如表 3–2 所示。首先，提出的方法要简单易操作。简单易操作的方法能提高学生获取资料和解决问题的效率，花费最少的力气，尽可能达到最大的收获。其次，具有备选方法以应对瞬息变化的实际情境。若能提出多种解决问题的方法，那么即使某一种方法在实际中不可行，学生还可以马上从备选中选择出另一种方法，灵活性比较大。从另一方面看也可以促使学生使用多种方法解决问题，对比不同方法并认识到它们的优缺点，在一定程度上还能培养个体的多元化思维。

表 3–2　选择解决方法评价表[1]

	水平一	水平二	水平三	评级者		
				师评	他评	自评
解决方法	能提出多种解决问题的方法，方法简单易行。	能提出解决问题的方法，方法不够简单。	提出的方法不可行，但是能接受和运用他人提出的解决问题的方法。			

综合实践活动解决问题的一个比较明显的特征就是由一个小组合作完成任务。合作伙伴需要在达成共识的前提下，有序进行实践活动，在合作中互相影响和学习。要求个体能够尊重同伴，认真倾听同伴的意见，在相互帮助下，互相弥补不足，携手共进；能够虚心向他人学习，汲取其他成员的长处，取长补短。综合实践活动课程非常注重个体团结合作精神的培养，团结合作能发挥出集体的力量。社会的发展需要个体具备集体意识，集体的力量往往能弥补个体力量的不足。这里需要注意的是个体在集体中不能随波逐流，要保持个体的独特性，发挥其优势。

三是证明和解释结果。学生需要对此前所做的事情进行整理和补充，

[1] 杨培禾主编《综合实践活动课程论》，首都师范大学出版社，2019，第 224 页。

这可以体现一个人资料的梳理能力、思维的严密程度等。证明和解释结果要求学生将所有资料整合起来，并能向其他同学清晰、有序地展示他是如何得出这个结论的。如表 3–3 所示的评价标准，从内容的组织、语音语调的表现、仪表仪态以及能根据情境与其他同学和周围环境进行互动几方面对学生进行了全面性的评价。

表 3–3 展示与交流评价表[1]

评价向度	项　　目	达到	稍欠	需努力	改进意见
内容组织	1. 内容与主题的关联性。 2. 叙述方式与内容的连贯性。 3. 叙述内容能清晰表明主体及含义。 4. 结构严谨，段落分明。 5. 内容丰富，有独创性。 6. 内容叙述不生搬硬套。 7. 总结与整个叙述切合，有意义。				
语音语调	1. 发音正确、清晰。 2. 说话速度与展示内容相符。 3. 有明显的抑扬顿挫。 4. 语言自然流畅。				
仪表仪态	1. 表情自然生动。 2. 结合内容，有少量肢体动作。 3. 目光注视班级同学。				
其　　他	1. 演讲时有“道具”配合。 2. 与“听众”之间有一种互动。				

第二节　成果得以物化

成果得以物化是综合实践活动课程必不可少的一环，是指学生能运

[1] 王洁:《综合课程开发与案例》，文汇出版社，2002，第 158-159 页。

用在综合实践活动课程中获得的知识和个体原有的知识制作出一份实物或文字性作品。该作品被赋予了学生的知识和情感，是其内心所思所想的外显，也是学生能力的体现。个体获得的知识最终将会转变为个体的默会知识，只有物化出来才能确证学生的学习效果。同时，该过程也是学生加深对知识的理解过程。

一、成果得以物化的意义

（一）将成果外化于物表明个体理解了知识的意义

个体将成果物化的过程就是个体将自己获得的知识外化的过程。个体能够自如地运用知识、外显知识，这表明个体理解了知识的意义，其实任何认识的最终目的都是要达到理解，对于知识来说就是要能够理解其意义。郭元祥教授认为，知识具有三个不可分割的组成部分：符号表征、逻辑形式和意义。其中，符号表征是知识的最表层，说明任何知识都是以特定的符号作为表征的；逻辑形式是中层，体现的是人认识世界的方式和过程；知识的最高层是意义，是指知识内具的促进人的思想、精神和能力发展的力量，是知识与人的发展之间的一种价值关系。[1] 人们对知识的学习不能停留在对符号的掌握上，符号只是意义的载体，它是人们获得知识的一个中介或者说工具，学习知识需要走向意义层面。意义是知识的核心，隐藏在知识的背后，只可意会不可言传。任何没有走向意义的学习都不能称之为学习。

（二）将成果外化于物促进个体沟通新旧知识

个体将实践中获得的知识运用到创作中，可以创作出一个作品。但是创作该作品不仅仅运用到了个体新获得的知识，还运用到了个体的旧知识，即这些新旧知识与创作出来的作品之间是有联系的。该作品包含了个体的新旧知识，在制作中沟通了新知识与旧知识，在新知识与旧知识之间建立了联系，找到了它们的契合点，进而将新知识进一步与旧知

[1] 伍远岳:《评价学生知识获得的标准》,《中国教育学刊》2013 第 2 期。

识整合起来，更容易将其构建进个体的知识体系中。这样构建的知识体系更具有稳定性和迁移性，因为新知识在结构中不仅找到了自己的位置，还与其他知识形成了严密的关系网络。此后，面对新的问题，激发出的知识会更加全面，提取知识的速度会更加快捷。

（三）将成果外化于物有利于对个体进行有效的评价

在综合实践活动课程中，个体的学习更多依赖于自身的默会能力，在实践中获得的知识大多数属于默会性知识。默会知识论表明，命题性知识的习得主要考查认识主体对知识的陈述，而默会知识的习得往往要诉诸行动或实践，比如亲自“做一遍”或“创造出一个东西”来看看。[1] 所以在综合实践活动课程中评价学生知识获得的情况就需要将个体的知识以外显的形式表现出来，将知识赋予其他人可以看得到的作品上。学生外化出的不仅仅是一个作品，它承载了个体心灵所有的美好。这样对学生的评价才更加具有综合性、全面性和深入性。

二、成果得以物化的表现

对于成果物化而来的作品也需要进行评价，由于综合实践活动课程展开的活动方式有所不同，所物化的产品也就有所不同，因此评价不同的作品有不同的要求。

考察探究和社会服务活动的成果多以研究报告的形式呈现出来。研究报告的结构一般包括研究的问题、研究目的、研究的方法、研究的内容以及结论和收获等，总的来说就是整个实践活动的再现和总结。表 3–4 所示的就是对研究报告的评价要求案例之一。

[1] 石晋阳、陈刚:《论创客教育的默会知识论基础：反思与重构》,《电化教育研究》2017 年第 4 期。

表 3–4 研究报告评价表[1]

评价向度	项　目	达到	稍欠	需努力	改进意见
题　目	1. 大小适合。 2. 能反映研究内容。				
研究框架	1. 能明确研究的目的。 2. 能说明资料收集的方法。 3. 能将资料适当的排列组合。 4. 能简要说明研究成果。 5. 能说明研究的收获。 6. 能注明参考资料的来源。				
研究方法	1. 资料来源三种以上。 2. 所用方法可达成研究目的的程度。 3. 能清楚地说明研究步骤。				
研究内容	1. 资料内容符合题目要求。 2. 内容说明有适当的标题引导。 3. 内容叙述有条理。 4. 内容说明图文并茂。 5. 内容涵盖亲身体验的第一手资料。				
其　他	1. 书面整洁、整齐。 2. 文字、画面处理有创意。 3. 用电脑打印。				

该表对研究报告的评价基本包含了研究报告内容的各个方面，不仅仅是对研究的问题、研究方法进行评价，还注重对文字的表达、画面的处理、报告的美观以及个体的反思等方面的评价。

设计制作活动的最终成果一般是一个真实的产品，例如一件模型、一枚书签、一个包装盒。那么对产品的评价一般包括哪些内容呢？比如制作一个包装盒，可以从美观程度、实用程度、创意程度等方面评价：美观程度可以从包含的艺术元素、线条的流畅度、颜色的搭配、造型的美感等方面进行评价：实用程度又可以分为材料的牢固性、材料的价格、材料的普遍性、大小是否适宜等；创意程度则包括造型的独特性、是否含有创意元素等。表 3–5 是某学校制作杆秤时对成品的评价表。

[1] 王洁:《综合课程开发与案例》，文汇出版社，2002，第 157-158 页。

表 3–5 杆秤评价表[1]

评价向度	产品情况		达标情况	得分
创意性（分值 2 分）	独立设计	创新		
		模仿		
	同伴合作设计	主导		
		从属		
	父母协助设计			
艺术性（分值 2 分）	颜值高			
	颜值中等			
	颜值低			
环保性（分值 2 分）	废物利用			
	部分购买成品构件			
	购买成品构件组装			
科学性（分值 2 分）	结构合理			
	结构有缺陷，但可以使用			
	结构不合理，无法使用			
精确度（分值 2 分）	精确度高			
	精确程度一般			
	精确程度低			
总评				

不同产品的评价要求具有差异性，比如杆秤的精确度要求一般在书签、包装盒的评价上就不是很适用。

职业体验活动一般需要撰写一份职业体验报告。该报告应该包含此次体验的职业、体验的内容、遇到的困难、对所体验职业产生的理解以及自己的收获，可以从这些方面对学生进行评价。

[1] 彭夷、张倩倩：《项目学习：产品的制作与评价——以综合实践活动“自制杆秤”为例》，《中学物理教学参考》2016 年第 7 期。

当然，所物化的产品不仅仅是这些，学生可以自己选择怎样把成果表现出来，如文字、实物、表演等都可以。有的学生喜欢用手抄报的形式展现自己的成果，有的喜欢将其创作成一场小品表演，这些都可以作为知识确证的依据。值得注意的是，物化的产品必须具有现实的意义以及具有完整性，以期能形成有效的评价。

首先，物化的作品要具有现实性的意义。学生最终物化出来的成果不管是一个产品、一份探究报告还是一份体验感想，都必须具有现实性的意义，它不能是凭空想象出来的东西，必须有它存在的价值。现实性的意义最重要的就是其价值性，下面从其对生活的价值和对个人的价值两方面进行阐述。

该成果必须与现实生活相联系。比如说某学生制作一个创意书签，它的创意必须源自生活，学生在介绍产品的时候需要阐述其设计思路是怎么从生活中获得的。同时，书签又可以在生活中使用，能为生活带来方便，或者可以为生活增添情趣、乐趣，不管是实用方面还是精神愉悦方面都可以说这个作品具有现实的生活意义。对研究报告而言，所研究的问题应是现实生活中的实际问题，不能脱离生活，探究的过程也不能脱离现实生活，需要个体参与到生活实践中去，从生活中获得资料。

对于学生来说，该成果必须使个体有所收获、有所感悟。不能只是机械性的操作，需要个体身心合一，将知识和情感都赋予在成果上。学生能因为运用知识而加深对知识的理解，个体能因为物化的成果感受到极大的快乐，会为制作出的产品感到自豪，能为写出的研究报告而感受到科学研究的理智美，等等。

其次，物化的作品要具有完整性。作品是否具有完整性是评价学生整个学习过程是否有效的重要指标之一。该完整性不是简单的作品的完整，或是报告格式的完整，还包含其内容的真实有效以及其具有的价值和意义。从作品的完整性可以看出学生各个方面的发展，表面上是在评价成果，而实质上是在评价学生知识的获得与发展。

第二编　四种活动类型的课程评价

第四章

考察探究评价

根据《指导纲要》，考察探究是指“学生基于自身兴趣，在教师的指导下，从自然、社会和自身生活中选择和确定研究主题，开展研究性学习，在观察、记录和思考中，主动获取知识，分析并解决问题的过程”。其价值在于通过野外考察、社会调查、研学旅行等，注重运用实地观察、访谈、实验等方法，获取资料，形成理性思维、批判质疑和勇于探究的精神。

本章按照“设计思想—行动实施—价值成果”的评价思路与评价维度，根据各学段对考察探究要求的阶段性特征，具体论述了考察探究在设计、实施、成果评价中的问题，并结合具体案例论证了考察探究评价的具体操作方法。最后，就考察探究评价过程中所涉及的核心问题，进行了反思性地归纳。

第一节　考察探究评价的维度

在本节中，我们将阐述考察探究中“设计思想”“行动实施”“价值成果”三个维度的主要内容，并从不同的主体视角出发，看它们如何评价考察探究中的三个维度。

一、“设计思想”维度的评价

（一）考察探究活动过程的设计

考察探究的活动方式，如果按照理想型原理设计出完整过程，应该包括十三个环节：①进入情境提出问题，填写《选题记录单》。②讨论得出候选题目。③填写《选题立项答辩问题单》。④论证答辩，依据标准评出正式立项课题。⑤确定子课题，填写《研究课题分解单》。⑥按兴趣分组，填写《任务分工表》。⑦制订、完善本组计划，填写《课题研究计划表》（分年段）。⑧运用研究工具，分工合作搜集资料。⑨将资料整理成册并突出美化。⑩概括文本要点，统计分析数据。⑪分类整理资料，形成研究结论，进行创意表达。⑫展示作品，比较各组结论，开展自我评价。⑬反思、总结研究过程，提出新的问题或创意。其中，①与②属于研究的启动阶段，③与④属于课题选择阶段，⑤与⑥属于课题分解阶段，⑦属于活动策划阶段，⑧⑨⑩属于活动开展阶段，⑪属于成果表达阶段，⑫属于展示交流阶段，⑬属于反思改进阶段。

当然，在某一项具体的考察探究活动中，一般并不需要包括所有这十三个环节，而是根据学生的研究水平、现实的条件情境进行灵活选用和适当整合。但不管如何精简，一项完整的探究过程都应该包括研究启动、课题选择、活动策划、活动开展、成果表达与展示、反思改进这六个阶段。评价者可以根据一项考察探究活动实施的全过程来评价活动的完整程度。

（二）考察探究活动中“设计思想”的评判标准

根据前文中设计的评价思路，在小学、初中、高中三个学段综合实践活动课程评价维度与内容要素重组的基础上，我们可以将考察探究中“设计思想”的评判标准建构为如表4-1的二维表格。这是在纵向层面对考察探究活动中“设计思想”的根本认定。

表4-1　考察探究中“设计思想”评判标准

学段	评判标准
小学	能将问题转化为研究小课题，体验课题研究的过程与方法，提出自己的想法，形成对问题的初步解释。
初中	将问题转化为有价值的研究课题，学会运用科学方法开展研究。
高中	1. 能及时对研究过程及研究结果进行审视、反思并优化调整，建构基于证据的、具有说服力的解释。 2. 形成在实践操作中学习的意识，提高综合解决问题的能力。

“设计思想”的关键，是将遇到的问题转化为有价值、操作性强的研究课题。随着年级的升高，“设计思想”的要求在逐步提升，最终学会像科学家一样去批判性地思考问题。

（三）考察探究中“设计思想”的评价方法

1. 学生评价

学生的评价主要包含两个方面：自评和互评。那么在考察探究中，涉及“设计思想”的学生评价也将从自评和互评形式中进行展现。

（1）学生自评。在自评的过程中，我们常常采用写实记录的方式进行评价。比如在《浙江省九年义务教育必修课教材·综合实践活动》系列丛书的总结评价中的自评部分写道：“在整个活动过程中，你一定有很多想法和感受，还学到了很多东西，请把它们写在你的总结里。”

在考察探究活动中，“设计思想”方面主要针对十三个环节所构成的八个阶段，对自评所包含的内容进行说明。

第一，根据填写的《选题记录单》《选题立项答辩问题单》，以写实记录的形式对选题过程进行自评，侧重于问题解决和责任担当等目标的评价。

第二，根据《研究课题分解单》《任务分工表》中的任务完成程度对自己进行评价，主要是问题解决和责任担当方面的评价。

第三，通过写实评价的方式填写自己在资料搜集阶段和资料册制作阶段的感悟和发现展开自评，评价目的涉及问题解决、责任担当（组织策划管理、合作交往能力）、价值体认（获得认同、感受活动意义）、创意物化四个方面。

第四，通过对成果的展示进行自评，并结合考察探究整个活动的开展进行自我评价，形成总结。

（2）学生互评。综合实践活动多以小组的形式展开，其中不可避免的就是分工合作，互评主要涉及组内同伴互评和各组之间的相互评价。对于学生而言，这种评价形式不仅可以促进他们在解决问题时相互配合，还可以进行同伴间交流。在提升合作能力的同时，也能促进学生社交能力的发展，让他们可以共同探索和提高。让学生成为学习的主人，直观发现别人的优点，提升自己的能力，通过评价他人，认识自我，提升比较问题、分析问题的能力等。

教师在引导学生互评时，应注意根据年龄段的差异来引导，并和学生一起探讨出互评的形式和内容。互评可以采用写实记录的方式，比如和大家分享活动体会，记录他人的分享情况以及自己参与分享的感受等。

组内互评的内容可以围绕评议研究中的各个环节的形式进行。例如：本次活动中，你和同伴表现如何？请你来评星。其包含的三个大的环节依次为：一是调查、讨论本次探究活动中存在的问题时，可以和同伴积极参与、深入调查，为研究活动的开展提供思路；二是在开展探究活动和做实事过程中，能深入思考、大胆建议；三是在探究的过程中，小组成员任务清单划分明确，配合默契，成效明显。

小组间的互评可以采用成果展示的方式。互评主要内容包括：一是根据《选题记录单》《选题立项答辩问题单》的记录进行互评，对组内成员提出的问题做出简单的评价，侧重于问题解决方面的评价；二是根据子课题和填写的《研究课题分解单》，把握问题解决和责任担当的评价目标，对在课题分解过程中的合作表现做出评价；三是结合活动中填写的《任务分工表》、《课题研究计划表》（分年段）、搜集资料情况等内容，针对配合默契程度、分工协作等进行互评；四是根据成果展示对其他小组的成果进行互评。

2. 教师评价

教师评价的内容主要涉及学生评价和综合实践活动开展中的课程评价。教师在评价中的作用与教师在综合实践活动中的作用紧密结合，按照综合实践活动课程中考察探究部分教师所扮演的角色来看，教师需要在不同的阶段进行评价，通常使用档案袋评价的方式进行过程评价，在活动结束后再进行综合评价。

教师的评价包括言语评价、体态评价和物化评价等评价形式。教师应该注意准确把握评价时机，将评价贯穿于整个活动过程，这有助于激励学生在活动中的发展和进步。在考察探究活动中，教师需要指导学生的选题、关注各组制订的考察探究计划、促进学生在考察探究中的行动、观察学生表现、督促学生进行自评和互评、提供多种成果表达方式供学生选择、促进学生的交流和提供交流的平台、提供反思方法、提升学生的自信心和科学精神、反思自己指导策略，还要为多元评价的发生提供可能。

教师在综合实践活动评价过程中更多的是扮演一个平台和材料的提供者、观察者、引导者、组织者等角色，因此教师的行为和评价观会影响整个活动的过程。那么，教师在综合实践活动过程中可能用到的评价方式有哪些呢？在考查学生的“设计思想”时，选用什么方式比较适宜呢？

首先，教师与档案袋评价。教师在考察探究的过程中需要帮助学生确立选题，并对他们的考察探究计划和过程适时地进行指导。教师在这个过程中可以选择档案袋评价的方式进行评价。在档案袋评价过程中，教师主要发挥指导和反馈作用，按照考察探究中各个阶段的划分，对学生进行定期的指导。因为综合实践活动课程以小组互动为主，所以教师在进行评价的时候，应该注意每个小组的计划不同，其阶段划分也会有所差异，因此上述提到的“定期”的确定应视具体情况具体分析。而对于学生进行档案袋评价时，应该注意结合学生写实记录的内容，如收集《观察记录表》《研究课题分解单》《任务分工表》《课题研究计划表》、资料册、成果册、学生的反思等，以便于对学生的“设计思想”进行评价。

其次，教师与思维导图或墙报式评价。学生的写实记录可以为教师的评价提供依据，但对于学生“设计思想”方面的评价方式可能存在一些缺陷，而学生以思维导图或黑板报、手抄报的形式呈现其作品，更能体现学生设计思维和抽象思维。由于考察探究的过程具有一定的科学性，需要呈现学生的逻辑思维，因此用思维导图或墙报方式进行评价是可行的。

再次，教师的活动总结与反思。教师在活动结束后进行总结，对整个活动进行评价，不仅能很好地促进学生的发展，对于学生的成果进行回应，还能使学生的表现有所提升。例如，在“枣文化”综合实践活动课程“早食枣，不易老”[1] 中，教师做出了如下的评价：

> “早食枣，不易老”这个活动让我和孩子们一起了解枣的文化，了解枣的营养价值。通过查找资料、调查分析、实践制作枣的食品和

[1] 季敬堂主编《义乌枣文化综合实践活动案例精编》，浙江科学技术出版社，2019，第 54-65 页。

探访专业人士追寻枣的价值，并围绕“枣”开展了一系列的综合实践活动。本次活动，学生主要是从这两个方面进行的：一是关于枣的营养价值的调查、探究、走访和分析；二是根据前期的调查分析进行实践，制作有关枣的食品。

在查枣环节，三个小组分工明确，目标明确。三个组长带领自己的组员进行活动都达到了很好的成效：A 组的同学通过查阅资料，整理出了枣的营养价值，这是一个理论依据；B 组的同学通过走访中医师，整理出枣在药方上的实际运用；C 组的同学通过制作调查表和问卷，具体了解到社会中需要食补枣子的人群。在这个环节中，三组学生从三个方面进行研究，非常的合理和全面。在实际动手的制作环节中，各位成员根据自己身边人的实际情况和饮食习惯，进行了枣食品的制作。比如洪颖同学，她的调查对象是她的舅妈。舅妈的工作时间较长，到下午就会有饥饿感，所以洪颖同学制作的就是红枣糕。

在亲手制作中感受制作食物的不易，也在家长的陪同中体会难得的亲子时光，更重要的是让父母感受到了学生的暖心时刻。通过这次活动了解枣的营养价值和药用价值，同学们学习搜集处理资料、调查研究的方法；学会使用枣配置一些茶饮和药膳，培养自己动手实践能力及对知识的综合运用和创新能力；锻炼了胆量，提高了与人沟通交往的能力、对社会生活的积极态度和参加实践活动的兴趣。

在这个案例中，可以发现教师的评价不仅对活动，而且对活动的总结和反思都有一定的帮助。

3. 社会评价

社会评价主要来自家长、社会中的活动参与者和课程专家等。他们通常对于活动的评价来源于他们所参与的部分。例如，家长需要了解课程意义，支持、鼓励孩子大胆研究，尝试启发孩子发现家庭生活中可以进行考察探究的内容和方式的选择、引导孩子多角度思考设计思路、给予建议等；社会中的活动参与者则会对于考察探究过程给予更多的关注；课程专家的评价更多关注课程实施的设计思维、学生主体性以及他们“设计思想”的体现。

4. 档案袋评价

对于档案袋评价在前面已经进行了阐述，所以在这里不再进行单独的说明。实际上，档案袋评价贯穿于整个综合实践活动课程，同时也适用于将要提到的“行动实施”和“价值成果”的评价中，不同的评价内容也可以运用这种评价方式。

5. 综合评价

经过以上自评、互评、教师评价和档案袋评价，在最后教师将会通过上述评价呈现出一个学生全息的电子评价档案和课程评价报告。但在得到这份综合评价的报告前，教师要为多元评价提供可能。在综合实践活动课程评价标准制订方面，教师可以按照考察探究的具体阶段采用与学生代表、社会中的活动参与者、课程专家等的圆桌讨论会和成果展示的方式进行确定。活动过程中，教师需要收集与考察探究有关的“设计思想”内容，如涉及活动的相关的表格、教师在活动中的观察记录、各小组的整体思路、自评的写实记录和互评记录等。最后教师根据自评、互评、档案袋评价等的内容，对考察探究活动过程围绕“设计思想”的全球视野和分析，以及创造性思维进行综合评价。

二、“行动实施”维度的评价

根据前文中设计的评价思路，在小学、初中、高中三个学段综合实践活动课程评价维度与内容要素重组的基础上，我们可以将考察探究中“行动实施”的评判标准建构为如表 4–2 的二维表格。这是在纵向层面对考察探究活动中“行动实施”的根本认定。

表 4–2　考察探究中"行动实施"的评判标准

学段	评判标准
小学	1. 亲历或参与少先队活动、场馆活动和主题教育活动，参观爱国主义教育基地等。 2. 理解并遵守公共空间的基本行为规范。 3. 能在教师的引导下，结合学校、家庭生活中的现象，发现并提出自己感兴趣的问题。
初中	1. 积极参加班团队活动、场馆体验、红色之旅等，亲历社会实践。 2. 能主动分享体验和感受，与老师、同伴交流思想认识。 3. 能关注自然、社会、生活中的现象，深入思考并提出有价值的问题。
高中	1. 自觉参加班团活动、走访模范人物、研学旅行、职业体验活动，组织社团活动。 2. 能对个人感兴趣的领域开展广泛的实践探索，提出具有一定新意和深度的问题，综合运用知识分析问题，用科学方法开展研究，增强解决实际问题的能力。

"行动实施"的关键是在提出有价值、可操作的课题后，能够采用科学的方法去解决问题。所以，判定一项考察探究活动的展开过程是否有效至关重要。思路是否合理、方法是否得当、态度是否严谨、遇到问题是否能坚持等是保证科研工作能否正常开展的能力和品质，都是这一环节评估的重点。

三、"价值成果"维度的评价

根据前文设计的评价思路，在小学、初中、高中三个学段综合实践活动课程评价维度与内容要素重组的基础上，我们可以将考察探究中"价值成果"的评判标准建构为如表 4–3 的二维表格。这是在纵向层面对考察探究活动中"价值成果"的根本认定。

表 4–3　考察探究中“价值成果”的评判标准

学段	评判标准
小学	通过亲历或参观主题教育获得有积极意义的价值体验，培养对中国共产党的朴素感情，为自己是中国人感到自豪。
初中	1. 加深有积极意义的价值体验；形成国家认同，热爱中国共产党。 2. 能主动运用所学知识理解与解决问题，并做出基于证据的解释，形成基本符合规范的研究报告或其他形式的研究成果。
高中	1. 深化社会规则体验、国家认同、文化自信，初步体悟个人成长与职业世界、社会进步、国家发展和人类命运共同体的关系。 2. 形成比较规范的研究报告或其他形式的研究成果。

“价值成果”聚焦于两个方面，一是积极的情感体验和身份认同，二是富有价值的研究成果。就后者而言，提出基于证据的解释、符合学术研究规范是基本的要求。

在体现个性化的评估方式中，可以包括学期末的项目成果展示、在展示之后教师引导下的反思以及学生主导的家长会等。通过这些方式，学生在输出的过程中不仅加深了对所学知识的理解，同时也是对“学习是我自己的事情”概念的不断强化。

除此之外，我们还可以运用“展示即评估”的集体评估方式，让每个学生都有机会展示自己的天赋。在这个过程中，学生得以有机会选择和决定展示什么、选择和决定如何展示、思考和发展自己的特长、给予伙伴建议和获得来自伙伴的反馈。

第二节　案例呈现与评价反思

一、案例呈现

幸福娃寻幸福枣[1]

适用学段：小学

此活动主题名称来源于义乌枣文化的大背景，而学校正在开展枣文化研究，基于学校的青枣基地，孩子们又就读于幸福湖小学，故取名为“幸福娃寻幸福枣”。

一、活动对象

五年级部分学生组成探究小组。

二、探究背景

基于对蜜枣作坊的实践观察，引发了学生对制作蜜枣的浓厚兴趣，产生了蜜枣是如何制作的、制作蜜枣的工具有什么讲究、蜜枣的营养价值如何等问题。结合这一系列问题，我们运用观察、实践的研究方式进行探究，结合综合实践活动挖掘蜜枣制作的文化价值、营养价值，同时增强了学生对综合实践活动课程的兴趣。

三、探究目标

1. 通过活动了解义乌青枣的特点，知道蜜枣制作的步骤。学习搜集、处理资料、调查研究的方法。

[1] 参见季敬堂主编《义乌枣文化综合实践活动案例精编》，浙江科学技术出版社，2019，第1-17页。有删改。——编著者

2. 通过活动学会制作蜜枣，提高与人沟通交流的能力、动手实践的能力及对知识的综合运用和创新能力。

3. 通过活动体验劳动的艰辛和快乐，感受其中蕴藏的文化财富。

四、活动策划

表 4–4 “幸福娃寻幸福枣”活动策划

组名	蜜枣小组	组长	金怡
活动时间	9 月 28 日	活动地点	学校食堂
活动主题	幸福娃寻幸福枣		
组员	金怡 夏冰洁 杨雯婷 方麒懿 冷坤峰 林若瑄		
指导教师	刘璐珊		
活动目标	1. 通过走访蜜枣制作达人，了解蜜枣制作过程，认识制作蜜枣的工具。 2. 通过制作蜜枣活动，在活动过程中实现团队合作，放松身心，获得劳动体验，感受劳动快乐。 3. 通过活动锻炼了思维能力、探究能力。		
活动分工	金怡主要负责汇总材料、人员分工安排；夏冰洁主要负责收集资料、写材料；杨雯婷主要负责摄像；其他组员参与蜜枣制作和收集资料。		
材料准备	义乌青枣数斤、白糖、制作蜜枣的相关工具、本子、笔、照相机等		
活动过程	1. 收集资料：查询有关的蜜枣制作相关资料，了解蜜枣的价值，并在课堂或者业余时间进行沟通交流，同时准备好相应材料。 2. 制订计划，开展蜜枣制作：结合计划，学生亲手参与蜜枣制作，对鲜枣进行观察，并将观察的结果记录下来。通过照相机、电子设备等方式进行拍照、视频录制。 3. 洗枣、煮枣、晒枣：同学们一同将青枣进行清洗，并放入锅中熬煮，捞出晾晒。此过程中，还会穿插关于蜜枣的故事和传说，了解工业上蜜枣的制作过程，开展蜜枣品尝小游戏。 4. 通过 PPT 展示、手抄报制作等方式就劳动过程和成果予以呈现：在资料搜集阶段便可以着手进行 PPT 的制作，此过程主要展现青枣或者蜜枣的结构、价值等。活动之后制作 PPT、思维导图，主要是用来呈现活动过程。		
活动成果展示	PPT 展示、撰写体验感受、活动报告（图文展示）、设计展板		
活动预期目标	学生参与劳动机会较少，对于枣更是难以获得细致观察、深入了解的机会。通过此次活动的开展，学生将会对蜜枣的制作过程有深入认知，对于劳动也会产生自己的想法和感想，同时在活动过程中也会加强联系，实现团队之间的更好合作，推动学生全面发展。		

五、活动过程

1. 寻访篇

正所谓“工欲善其事，必先利其器”，对于我们来说，想要做好蜜枣首先便需要对工具进行寻找，并寻访“高人”对我们进行指点。经过老师的帮助，我们寻找到了做蜜枣的“高人”陈伯伯……

为了比较三代划丝机的效率，我们为此还做了一个实验：准备三袋同样重量的青枣，分别用一代、二代、三代的划丝机进行划丝，看它们的划丝效率有何不同。最后得到以下结果：

表 4–5　三代划丝机的对比表

名称	重量 /g	时间 / 分钟	效果
一代划丝机	500	45	划丝分布不均匀，深浅不均匀，所用时间长。
二代划丝机	500	32	划丝均匀，只能划个头较大的青枣，划痕不够干净，所用时间缩短。
三代划丝机	500	20	划丝均匀，划痕深浅差不多，只能划个头中等大小的青枣，所用时间大大缩短。

陈伯伯还给我们介绍了很多其他工具……

2. 制作篇

（1）挑枣。（略）

（2）划丝。（略）

（3）洗枣并调制糖与水的比例。（略）

（4）大火熬煮、翻炒。（略）

（5）捞沫。（略）

（6）小火熬煮收水。（略）

（7）捞出蜜枣沥干。（略）

（8）晾晒。（略）

3. 验收篇

（1）同学验收。煮好的蜜枣呈现在我们面前，让我们兴奋不已。我们开心地将蜜枣拿到班级中，与同学们共享劳动成果，让同学们检验我们的劳动成果。同学们品尝着我们的蜜枣，都说蜜枣做得很好吃，听到同学们这样的评价我们心里都乐开了花，但也有同学说我们的蜜枣有的比较甜，有的不太甜。我们仔细思考了蜜枣的制作过程，觉得可能是翻炒过程中没有做到均匀，导致蜜枣蘸糖不足。在此方面还需要请教“蜜枣达人”。

（2）“蜜枣达人”验收。我们将制作好的蜜枣带给陈伯伯，一方面让伯伯尝一尝我们的“手艺”，另一方面也希望陈伯伯能够为我们的蜜枣制作提供一些建议和意见。

陈伯伯对我们的努力表示了肯定，说我们小小年纪便愿意传承传统文化实属不易，能够参与到蜜枣制作过程中来便是一种进步，从实践中获得知识、从实践中感受劳动的快乐就是一种成功。同时，陈伯伯也指出我们制作的蜜枣存在很多不足，比如蜜枣的味道吃起来虽然比较甜，但是吃过之后有一种苦的味道，这是因为火候没有掌握好，需要通过经验的积累来控制好火候；还有一些蜜枣还没有晾晒干，这是因为晾晒的过程中没有给蜜枣“翻身”，导致蜜枣粘连在一起，或者一些蜜糖受潮也影响了蜜枣的口感。……

六、活动评价

1. 组员互相评价

首先，从我们的分工来说，具有合理性，每一个同学都被分派了不同的工作任务；其次，从前期准备来说，我们通过上网查资料，走访蜜枣达人等方式做了充分的准备；再次，我们通过蜜枣制作活动加深了对蜜枣文化的理解，并在生活中加以传播。

但是，我们也认识到自身存在的不足，在进行互相点评时，特意就分工的合理性、组员的操作规范、工作态度等方面进行了评价。

夏冰洁：我们在挑选青枣的时候要注意在大小划分上更加细致一点儿，这样在煮制蜜枣时可以获得更好的口感，也能够避免将不合格的青枣掺入蜜枣的煮制工序中。

金怡：虽然我们在做蜜枣的过程中进行了分工，但是我们依然会彼此帮助，一同将工作做好。我觉得这是这次做蜜枣活动中尤其让我感动的地方。

冷坤峰：我们还需要从细节方面再深入一些，这样可以让我们的工作开展更为顺利，也能够让蜜枣的口感更好。

林若瑄：其实蜜枣做成功时是我最开心的时刻，一种愉悦快乐的感觉、一种成就感油然而生，让我想要拥抱自己的同学，想要欢呼跳跃。

杨雯婷：虽然我们在做蜜枣的过程中有很多不足，但是我们的努力是大家可以见证的，我们的工作态度是有目共睹的。这样一种状态和精神也将会影响我们每一个人，让我们走得更远。

2. 老师的评价

对于本次活动的开展，老师也给予了充分的肯定，同时也指出了活动中存在的不足，让同学们感觉到活动给予我们的不仅仅是参与的过程，更是一种思想上的成长。

老师对同学们之间的合作给予了肯定，认为同学们彼此能够很好地实现配合，并在需要的时候互相帮助，一同将实践活动圆满完成，是团队合作精神的一种充分反映。而且，对于活动开展中出现的问题，同学们也能够很好地进行研究，老师对于这种探索精神给予了肯定。

七、总结反思

新时代的到来让我们参与劳动的机会变少，对于枣这样一种小小的食材，更是从未想过细细品味、细致观察、深入了解，尤其没有想到通过蜜枣的制作而让我们感受到其价值的存在。通过此次活动的开展，我们对蜜枣的制作过程有了深刻的认识和体验，对于劳动也产生了自己的想法和认知。通过参与活动，同学之间的关系更为融洽，实现了团队之间的更好合作，使学生得到了全面发展。而且蜜枣制作过程让同学们走出校门，走入社会，了解劳动人民的辛苦，带来心灵的震撼，更加激励他们要努力学习，通过多种知识的掌握，为社会做出贡献。

在体验做蜜枣的基础上，我们对义乌枣又有了新的认识和思考：是不是所有的枣都可以用来制作蜜枣？制作蜜枣的工具都有哪些讲究？义乌枣是如何在这片土地上生长壮大的？义乌枣的优势在哪里？食枣有哪些好处？……

面对这一系列的问题，我们一起商议决定上网查找资料，并把资料和问题整合，设计制作枣的思维导图（略）。

当然，我们知道只从网上找资料是远远不够的，于是我们拿着这些资料去寻求老师的帮助。老师给了我们一些可行的建议：由于我们整理的资料层次不够分明，思考不够深入，建议我们可以去寻访一些种枣行家；走进档案馆寻找可信度更高的资料；走进枣博园去了解枣的文化……

于是，为了得到更多的资源和信息，我们借助学校开展“幸福课程建设成果展”的平台，将我们的想法制作成展板与同学们分享，希望能够吸收到更多有用的信息。

总之，任何困难都阻挡不了我们为明天、为梦想一往无前的坚定步伐，我们会继续探究、寻访，找到属于我们的“幸福枣”！

在小学阶段，学生对周围世界有着强烈的好奇心和探究欲望，他们乐于动手操作具体形象的物体，这一时期是培养科学兴趣、体验科学过程、发展科学精神的重要时期。参与综合实践活动课程有利于小学生形成科学的认知方式和科学的自然观，并将丰富他们的童年生活，发展他们的个性，开发他们的创造潜能。

（一）综合实践活动课程要面向全体学生

通过这次实践活动，指导教师要做的就是使学生感受到——我是实践活动中的一分子，而且是不可缺少的！这对学生建立信心、合作意识、集体意识是非常重要的，也意味着要为每一个学生提供公平的学习机会和有效的指导。同时，要充分考虑到学生在性别、兴趣、生活环境、文化背景等方面存在的差异，在教学评价诸方面鼓励多样性和灵活性。种子埋藏在土里，具备了发芽的内部条件，只有当它感受了阳光的温暖才会发芽！

（二）学生是综合实践活动的主体

学生对周围的世界具有强烈的好奇心和积极的探究欲，实践活动应该是他们主动参与的过程。综合实践活动课程必须建立在满足学生发展需要和已有经验的基础之上，提供他们能直接参与的各种实践探究活动，让他们自己提出问题、解决问题。教师是实践活动的组织者、引领者和亲密的伙伴，对学生在实践活动中的表现应给予充分的理解和尊重，并以自己的教学行为对学生产生积极的影响。

（三）综合实践活动要以探究为核心

探究既是实践学习的目标，又是实践学习的方式。亲身经历以探究为主的学习活动是学生学习科学的主要途径，综合实践活动课程应向学生提供充分的实践探究机会，使他们在像科学家那样进行科学探究的过程中，体验学习科学的乐趣，提升科学探究能力，获取科学知识，形成尊重事实、善于质疑的科学态度，了解科学发展的历史。但也需要明确，探究不是唯一的学习模式，在实践活动中灵活和综合运用各种教学方式及策略都是必要的。

综上所述，小学综合实践活动课程是以培养科学素养为宗旨的科学启蒙课程。综合实践素养的形成是长期的，早期的科学教育将对一个人科学素养的形成具有决定性的作用。因此，我们教学者必须重视小学综合实践活动教学，让学生在实践中求得真知。

二、评价反思

以下五大类问题，可以引导我们深入思考“幸福娃寻幸福枣”活动案例的评价问题。

第一，“幸福娃寻幸福枣”活动过程的设计是否完整？学生“寻枣”的全部活动，是否体现了“考察探究”这一活动方式的关键要素？

第二，在“设计思想”维度上，“幸福娃寻幸福枣”的实践旨趣是什么？要解决的主要核心问题有哪些？这一核心问题是如何进一步分解为具有逻辑性和操作性强的系列研究课题的？

第三，在“行动实施”维度上，“幸福娃寻幸福枣”是否体现了课题研究的完整过程？研究思路是否清晰？研究过程是否严谨？有没有以及如何运用到多种方式或方法去解决问题？方法是否得当？有没有运用跨学科的知识去解决问题？

第四，在“价值成果”维度上，“幸福娃寻幸福枣”的研究成果是什么？是否形成对问题的科学解释？是否得出了基于证据的研究结论？是否对现实生活具有一定的启示性意义？

第五，“幸福娃寻幸福枣”案例中的教师和学生是如何发挥评价者的角色的？学生和教师又是如何利用评价结果的？

第五章

社会服务评价

根据《指导纲要》，社会服务是指“学生在教师的指导下，走出教室，参与社会活动，以自己的劳动满足社会组织或他人的需要，它强调学生在满足被服务者需要的过程中，获得自身发展，促进相关知识技能的学习，提升实践能力，成为履职尽责、敢于担当的人”。其特征是强调“服务”和“学习”并重，强调有计划性的服务活动和结构化的反思过程；价值是让学生在满足被服务者需要的过程中，建构有意义的生活，从而促进学生自身发展。

本章按照“设计思想—行动实施—价值成果”的评价思路与评价维度，根据各学段对社会服务要求的阶段性特征，具体论述了社会服务在设计、实施、成果评价中的问题，并结合具体案例论证了社会服务评价的具体操作方法。最后，就社会服务评价过程中所涉及的关键性问题，进行了反思性地归纳。

第一节 社会服务评价的维度

在本节中我们将对关于社会服务中的“设计思想”“行动实施”“价值成果”三个维度的评价进行叙述，与考察探究一样采用不同的主体评价的视角进行综合实践活动课程的评价。

一、“设计思想”维度的评价

（一）社会服务活动过程的设计

社会服务的活动方式，如果按照理想型原理设计出完整过程，应该包括九个环节：①确定服务的对象；②深入研究服务对象的真实需要；③制订服务活动计划；④交流、完善本组计划，并填写《社会服务计划表》（分年段）；⑤准备与行动；⑥做好行动记录；⑦以作品形式体现服务活动的过程与成果；⑧分享服务活动成果；⑨反思、总结服务过程，提出新的问题或创意。其中，①属于活动的启动阶段，②属于课题选择阶段，③与④属于活动策划阶段，⑤与⑥属于活动开展阶段，⑦属于成果表达阶段，⑧属于展示交流阶段，⑨属于反思改进阶段。

同理，在某一项具体的社会服务活动中，并不一定需要包括所有的九个环节，而是根据学生的社会服务水平、现实的条件情境进行灵活选用。但不管如何精简，一项完整的社会服务过程都应该包括活动启动、课题选择、活动策划、活动开展、成果表达、展示交流、反思改进这七个阶段。评价者可以根据一项社会服务活动的实施全过程来评价活动的完整程度。

（二）社会服务活动中“设计思想”的评判标准

根据前文中设计的评价思路，在小学、初中、高中三个学段综合实践活动课程评价维度与内容要素重组的基础上，我们可以将社会服务中“设计思想”的评判标准建构为如表 5–1 的二维表格。这是在纵向层面对社会服务活动中“设计思想”的根本认定。

表 5–1　社会服务中“设计思想”的评判标准

学段	评判标准
小学	初步形成集体思想、组织观念。
初中	1. 初步形成探究社区问题的意识，愿意参与社区服务。 2. 初步形成对自我、学校、社区负责任的态度和社会公德意识，初步具备法治观念。
高中	形成对自我、学校、社区负责任的态度和社会公德意识，具备法治观念。

“设计思想”侧重于体现学生对社区的责任感和服务意识，因此在评判社会服务活动时，其问题的提出、服务内容的确定、服务方式方法的选择，要以对自我、学校、社区等生活的环境负责、尽责为最终依据。

（三）社会服务中“设计思想”的评价方法

1. 学生自评

“设计思想”方面主要针对在九个环节所构成的七个阶段，对自评所包含的内容进行说明。

第一，根据服务对象的确定，深入研究服务对象的真实需要，侧重于问题解决和责任担当（从日常生活需要中开展活动）等目标的评价。

第二，根据制订的服务活动计划、本组社会服务计划、《社会服务计划表》（分年段）对自己进行评价，主要对于组织策划管理、合作交往方面的评价。

第三，通过自评社会服务“作品”的形式，评价服务活动的过程与成果。评价内容涉及服务他人的意识培养、分享与责任意识的培养、价值体认（获得认同、感受活动意义）、创意物化四个方面。

第四，通过对于社会服务成果的分享和展示进行自评，并结合社会服务整个活动的开展进行自我评价，形成总结。

2. 学生互评

因为社会服务活动的参与者包括学生和服务对象两个部分，所以此处的互评除了学生之间的互评，还有服务对象与学生之间的相互评价。学生之间的互评可遵循上文所提出的原则。组内的互评可以直接采用写实记录的方式，也可以根据成果展示进行评价。

服务对象和学生的互评侧重于写实记录的评价方式，重在对于设计思维的把握，了解综合实践活动课程中社会服务的过程，能通过活动把握社会服务的阶段和注意事项等。其中服务对象会针对学生在具体社会服务中思维方面的表现进行评价，具体的评价方式将会和行动以及价值部分在一张互评表格中进行呈现。学生则可以针对在活动过程中的设计是否合理等方面进行评价，培养学生的反思意识。

3. 教师评价

在社会服务中，教师通常是活动正常进行的保障者，同时也是学生安全的保障者。教师在活动中是沟通学生和社会的桥梁，也是社会服务活动中的纽带。由于社会的多变性，教师在活动中还担任着重要的监督角色，因此这里的教师评价不仅限于用档案袋评价来评价学生与课程，同时还需要对社会服务中设计活动的参与者的设计思维有较为细致的了解并进行评价。教师需要制定让各方都可以接受的评价模式，具体的方式可以使用共同审议的形式。根据不同的年龄层级进行活动设计，让学生在不同程度以螺旋式递进地参与到社会服务中。因为我们的目的是一个动态全息的电子档案，所以就要求教师对各个年龄阶段的活动有所了解，或者对于他们的过去有所了解。评价设计的思路才会真正适应于学生的长足发展。

4. 社会评价

社会评价在社会服务中发挥着重要的作用。但社会的评价往往是站在他们自己的角度而不是站在学生发展的角度进行评价，他们的评价标准是既定的，是以提供服务为导向的。例如，在《大型赛会志愿服务岗位规范》中，对志愿服务时的基本行为规范等均提出了要求，当 10—12 年级的学生在进行社会服务时就需要接受这样的评价方式。因为在主体中进行社会服务的目的不同，所以评价关注的内容也会有所不同，因此需要教师在其中起到沟通和协调的作用。让社会参与者进行评价，让学生在这个过程中获得社会认同感。

5. 综合评价

经过对“设计思想”的自评、学生互评、学生与服务对象的互评、教师评价和社会评价，教师将这些内容整理并进行成果呈现，根据学生参与社会服务的情况和档案袋中呈现的评价内容，学生会得到一份较为综合的评定其“设计思想”及之前发展状况的评价。同时“设计思想”的综合评价也将会和“行动实施”“价值成果”部分一同呈现在“雷达评价”的个性化档案中。

二、“行动实施”维度的评价

根据前文中设计的评价思路，在小学、初中、高中三个学段综合实践活动课程评价维度与内容要素重组的基础上，我们可以将社会服务中“行动实施”的评判标准建构为如表 5-2 的二维表格。这是在纵向层面对社会服务活动中“行动实施”的根本认定。

表 5-2　社会服务中“行动实施”的评判标准

学段	评判标准
小学	1. 围绕日常生活开展服务活动，能处理生活中的基本事务。 2. 理解并遵守公共空间的基本行为规范。
初中	1. 能主动分享体验和感受，与老师、同伴交流思想认识。 2. 观察周围的生活环境，围绕家庭、学校、社区需要开展服务活动。 3. 愿意参与学校服务活动，增强服务学校的行动能力。
高中	1. 关心他人、社区和社会发展，能持续地参与社区服务与社会实践活动。 2. 关注社区及社会存在的主要问题，热心参与志愿者活动和公益活动。

“行动实施”评价主要聚焦于洞察和了解周边环境的需求，敏感于自己生活的环境。在了解问题需求后，有改善环境的意愿、持续参与的精神以及切实改善环境的能力。

三、“价值成果”维度的评价

根据前文中设计的评价思路，在小学、初中、高中三个学段综合实践活动课程评价维度与内容要素重组的基础上，我们可以将社会服务中“价值成果”的评判标准建构为如表 5-3 的二维表格。这是在纵向层面对社会服务活动中“价值成果”的根本认定。

表 5-3　社会服务中“价值成果”的评判标准

学段	评判标准
小学	初步养成自理能力的习惯，树立自立精神和热爱生活的态度，具有积极参与学校和社区生活的意愿。
初中	增强服务意识，养成独立的生活习惯。
高中	1. 增强社会责任意识和法治观念，有主动服务他人、服务社会的情怀。 2. 理解并践行社会公德，提高社会服务能力。

“价值成果”主要聚焦于两个方面：一是提升服务自我的能力，逐渐自立自主；二是提升服务他人、服务社会的意识与能力，做生活中的有

心人和积极的建设者。

在体现个性化的评估方式中，可以包括学期末的项目成果展示、在展示之后教师引导下的反思以及学生主导的家长会等，还可以运用“展示即评估”的集体评估方式，从而让每个学生都有机会展示自己的天赋。在这个过程中，学生可以有机会选择和决定展示什么，选择和决定如何展示，思考和发展自己的特长，给予伙伴建议和获得来自伙伴的反馈。

第二节 案例呈现与评价反思

一、案例呈现

火与居家安全[1]

适用学段：初中

在校园附近某个社区发生了几起家庭失火导致死亡事件，某中学的学生为了证明提高当地居民安全防范意识的必要性，就策划组织了一次以“火与居家安全”为主题的应用学习活动。

这次活动为期6周。主要的内容或任务是：演习居家安全防范措施、安装烟火检测器、分配急救药箱和发放《安全手册》。活动主要是在教室内或上学期间进行的。同学们以个人或小组合作形式开展活动，并从同伴或教师那里获取反馈意见。他们还与当地的消防站建立起了伙伴关系。当然，他们还能获得学校里其他成人的帮助。教师在

[1] 参见郭元祥主编《综合实践活动案例专家点评·国外卷·美日篇》，辽海出版社，2003，第232-244页。有删改。——编著者

本活动中主要起着监督并调控整个活动进展以保证学生能完成令人满意的目标的作用。

一、活动目标

活动目标分为总体目标与具体目标。

1. 在“问题解决”的总体目标中，学生能计划和组织一次比赛项目或一次活动

学生要能达到以下具体目标：

（1）设计一份计划表。所设计的这份计划表要求：在项目或活动的目标安排上是合情合理的，计划是合逻辑且能实现的，反映了对相关的先例和规则的研究，重视所有的相关因素，语言流畅以便于同伴或同学能应用它。

（2）能运用下列方法来实施以及调整计划：高效率地运用时间、金钱、人力、资源和工具，反映确定的优先权，对意外情况做出有效的回应，能够运用量的或质的方法来评价项目或活动的成功状况，能为随后的类似项目或活动制订计划和组织推荐书。

2. 交流工具及技术总体目标

学生能凭借已有的经验向某位听众口头阐述一遍活动计划或活动发现。

学生能达到以下具体目标：以合逻辑的方法组织合目的的语言表达；因目的意图和观众的不同而调整表达方式；口齿清晰，表达自信；对观众的提问做适当的回应；评价这次表达的效果并为下次表达得更好打基础。

学生通过运用自己所收集的数据来解释居家安全练习，并利用他们所受过的训练来给那几个家庭描述安全程序。

3. 信息工具和技术总体目标

学生通过收集信息来帮助完成学习活动。

学生能够做到：挖掘潜在的信息资源以便于完成此活动；运用合

适的技术来选择信息，如可以考虑用所发行的简单刊物来指导调查；解释分析这些信息；从圆满、关联和有效等方面来评价这些信息。

4. 在学习自制工具与技术目标上，要求学生从例子中学习

学生能够做到：观察在活动中的同学或工作中的成人，向他们请教并分析他们所处的角色，从而推断出他们的基本需求，如对知识与技能、判断和决策制定等的需求；为活动结果挑出一些案例来，诸如公开发行的专业刊物，并分析其质量；将从案例中所学的应用到计划与指导活动中去。

5. 与他人合作的工具与技术

学生能够积极地参加自主学习小组的组建与运行活动。

学生能够做到：解释角色并承担责任，为完成学习活动而制定目标和设计时间表，执行组内决策制订的程序，回顾进程并按要求做出调整。

二、活动计划

1. 日程安排计划

“应用学习培育班”的组长在 1 月 17 日与参加第一期活动的同学一起开了个活动安排会议，讨论活动步骤、日期、时间、交通工具以及膳食等问题。最终形成了初步的总体计划：

（1）在 1 月 22 日，组长将在下午 1 点会见参加第一、二期活动的同学并向他们展示 CPR（心肺复苏法）。消防站会提供人体模型。

（2）在 1 月 29 日、30 日和 31 日三天，两个班将集中去五个家庭的家中。消防站将参与进来并开展一些活动，如安装烟火检测器；展示 CPR；设计一条逃跑路线和户外集合地点；教孩子们如何填塞、倒下和打滚，检查关紧的门和缓慢前进；展示并讨论急救药箱及其要旨；等等。在 29 日，同学们还会在消防员的帮助下与两个家庭从上午 9 点一直活动到下午 3 点。30 日，他们会与前任组长一起与另外两个家庭见面。31 日，会在组长的帮助下与最后一个家庭一起从上

午9点一直活动到中午12点。……

（3）我们要求对消防站进行一次参观。……

（4）最后一个请求是请消防站选派一名消防员给大家讲一讲当一名消防员的感受以及成为一名消防员的必备条件等。

2. 人员分配计划

（略）

三、活动过程

1. 制订活动计划并得到校长的批准

整个活动计划得到校长批准后，学生写了一份“居家安全检查表”，张贴在房间里，并为那些家庭设计了一本《安全手册》。以下内容都摘自《安全手册》。

（1）居家安全检测表。（略）

（2）住所楼梯应有护栏。（略）

（3）防患于未然。（略）

……

2. 向消防员学习各种有关消防方面的知识

3. 与五个家庭取得联系并开始实施活动

通过参观几个家庭，学生达到了增强家庭安全防范意识的目的。在那些房屋里，他们安装了烟火检测器，展示了CPR（心肺复苏法），并演习了“填塞、倒下、打滚”，还帮助各家庭成员画出发生火灾时的逃跑路线。

4. 组装急救药箱

活动最后，同学们为这五个家庭拼组了一套含有这些物品的急救小药箱——少量绷带、阿司匹林、酒精、口用温度计、急救带子、纱布垫、剪刀、冰包和镊子等。

因为所需物品不具备，所以同学们向社会人士募捐。

撰写募捐信。（略）

5. 感谢所有帮助过此次活动的人

撰写感谢信。（略）

四、活动结果

在这次活动中，学生学习了有关消防方面的知识及其他应付紧急情况的知识；制作了一本居家安全手册；与参与活动的五个家庭进行联系并在其家中开展系列活动；拼凑了一个急救药箱；向社会人士募捐；并做了大量的书写工作，如写感谢信等。

五 、活动评价

1. 学生自评

既有趣又兴奋，既受教育又能帮助别人，这就是我在这次活动中获得的最深的感受。用这些词来表达我的感受是因为我们将自己所学的所有知识都传授给其他人了。最精彩的就是能帮助别人，并与他人一起参加这次活动。如果没有站长的帮助，这次活动是不会取得成功的。他让我们搭便车，还捐赠了烟火检测器，教我们 CPR，带我们参观了政府相关部门。我在教别人 CPR 时，也发挥了自己的作用，这给我的感觉很好，因为我们的展示可能会挽救一条生命哦！

我所在的那个小组棒极了。我们努力地教 CPR，还边教边学呢。

那些家庭参与得很好。尽管他们也有不准时开始或全天不在家的时候，但他们还是很乐意让我们教他们。所以没有他们的参与，这次活动也开展不起来。

正如我所说的，那些家庭是非常优秀的，优秀得让人无可挑剔。实际上，是他们增添了这次活动的乐趣。如果说在这次活动中还存在不尽如人意的地方的话，那就是天气有点儿冷，我喜欢温暖的气候。通过此次活动，我学会了如何进行小组合作学习以及求生的技能。

总之，最重要的是教会别人求生的技能。在教学的时候，我喜欢与全班同学一起共度美好时光。站长也是一个很有趣的伙伴。

如果让我给自己和班上同学打分的话，那就是全A。理由是我们在这次活动中很努力也很投入。我们这个团体非常棒，不管怎么打分，我都给大家打A分。

×××

××××年 ×月 ×日

最后评价：

活动一开始我就真实地感到这个主意不错。我们打算尽力告诉那些家庭做好火灾的预防工作有多重要。我督促编制了居家安全手册，册子中还含有应付其他紧急情况的信息。在活动中我最喜欢同学间的互帮互助和相互影响。因为我是一个害羞的人，而这次活动为我提供了与他们一起活动和了解他们的机会。我不想对活动做任何修改，因为这次活动组织得很好。我们提供所有必要的且应该了解的信息。

当我们走出校园去那些家庭中时，我就得展示CPR了。我们教他们：当一个婴儿或成人窒息或没有呼吸时该怎么做。我所在的小组既非常团结又非常友好。我们不仅在每件事上都达成一致意见，彼此之间还互帮互助。到那些家庭去参观是非常有趣的，那些人对我们非常友好且平易近人。他们不仅倾听我们必须要说的话，而且还允许我们进入他们的房子。

从这次活动中，我懂得了预防紧急情况的重要性，而逃跑路线和聚合地点则又能挽救许多人的生命。消防站教育了我们，同样的，我们也以教会那些家庭作为回报。我们邀请了某消防站参与我们的活动，消防站的站长向社区中的人们传授有关居家安全方面的知识。在此次活动中站长对我们的帮助很大，因为是他为我们提供了去那些家庭的交通工具，还帮助安装了他们消防站提供的烟火检测器。

如果要我给自己打分的话，那我就打A分。理由是我很好地解释了CPR，而且我始终与同学们在一起，我做了我应做的事情；又因为我本是个非常害羞的人，但在这次活动中我的确走出来了，而且还尽了自己的一份力。

×××

××××年 ×月 ×日

2. 他人评价

如家长评价：

××× 已到我家来与我谈过了居家安全问题。她教我 CPR，并告诉我发生火灾时该做些什么。她还教我的孩子们如何填塞、倒下、打滚。我们还一起为我家安装了一个烟雾检测器。

谢谢！

××

××××年 ×月 ×日

二、评价反思

以下五大类问题，可以引导我们深入思考“火与居家安全”活动案例的评价问题。

第一，“火与居家安全”活动过程的设计是否完整？学生为了消除安全隐患，提高五个家庭的安全意识与能力所开展的系列活动，是否体现了社会服务这一活动方式的关键要素？

第二，在“设计思想”维度上，“火与居家安全”的实践旨趣是什么？要解决的主要核心问题是什么？是什么动机诱发了学生提出这一问题的？这一核心问题是如何进一步分解为具有逻辑性和操作性强的系列研究课题的？这些研究课题又是如何落实为服务行动的？

第三，在“行动实施”维度上，“火与居家安全”是如何体现了社会服务的基本过程的？活动开展的思路是否清晰？有没有以及是如何运用到多种方式或方法去解决服务过程中遇到的问题的？解决方法是否得当？有没有以及如何运用多学科的知识去解决问题？

第四，在“价值成果”维度上，“火与居家安全”的研究有形与无形成果是什么？服务的对象是否满意？是否增进了自己与所属社区之间的关系？是否对研究者的现实生活具有一定的启示性意义？

第五，“火与居家安全”案例中的教师和学生是如何发挥评价者的角色的？学生和教师又是如何利用评价结果的？

第二编　四种活动类型的课程评价

第六章

设计制作评价

根据《指导纲要》，设计制作是指“学生运用各种工具、工艺（包括信息技术）进行设计，并动手操作，将自己的创意、方案付诸现实，转化为物品或作品的过程，如动漫制作、编程、陶艺创作等，它注重提高学生的技术意识、工程思维、动手操作能力等”。其特征是“鼓励学生手脑并用，灵活掌握、融会贯通各类知识和技巧，提高学生的技术操作水平、知识迁移水平，体验工匠精神等”。

本章按照“设计思想—行动实施—价值成果”的评价思路与评价维度，根据各学段对设计制作要求的阶段性特征，具体论述了设计制作在设计、实施、成果评价中的问题，并结合具体案例论证了设计制作评价的具体操作方法。最后，就社会服务评价过程中所涉及的关键性问题，进行了反思性地归纳。

第一节 设计制作评价的维度

在本节中，我们将对关于设计制作中的“设计思想”“行动实施”“价值成果”三个维度的评价进行叙述。设计制作活动相较于其他的综合实践活动课程形式，更能在活动的过程中体现“设计思想”。

一、“设计思想”维度的评价

（一）设计制作活动过程的设计

设计制作的活动方式，如果按照理想型原理设计出完整过程，应该包括六个环节：①定义问题；②表达设计理念；③基于对材料的判断和能力的判断，选择恰当的活动材料或工具；④现场工作，将创意物化为人工制品；⑤交流设计制作，展示实践成果，解释工作原理；⑥反思、总结研究过程，提出新的问题或创意。其中，①与②属于课题选择阶段，③属于活动策划阶段，④属于活动开展阶段，⑤属于展示交流阶段，⑥属于反思改进阶段。

同理，在某一项具体的设计制作活动中，并不一定需要包括所有这六个环节，而是可以根据学生的设计制作水平、现实的条件情境进行灵活选用。但不管如何精简，一项完整的设计制作过程都应该包括课题选择、活动策划、活动开展、展示交流、反思改进这五个阶段。评价者可以根据一项设计制作活动的实施全过程来评价活动的完整程度。

（二）设计制作活动中“设计思想”的评判标准

设计制作包含信息技术类和劳动技术类活动。“一方面，学生通过经历丰富多彩的劳动活动，在了解劳动世界、理解劳动意义、获得积极劳动体验的基础上，形成较强的劳动意识，尤其是尊重他人劳动、愿意参与劳动等积极的劳动观念和态度。另一方面，通过安全而有责任心地参与劳动技术、信息技术实践，学生对技术与人类文明有更深入、全面的理解，对技术发展与用技术解决问题有较大的兴趣和较强的能力。”[1]

同时，“在创意设计和创意物化中充分发展工程思维、计算思维、材料认知能力以及相关的审美意识、安全意识、经济意识、质量意识、环保意识以及关心社会发展的责任意识等，从而形成自信而批判性使用技术的技术素养”[2]。注重以问题解决为导向情境下的设计思维的培养，在过程中考查和评估学生从已知情境中获得经验，再进行未知的情境的转化，并能够在复杂环境中行动等问题解决中发展能力。

根据前文中设计的评价思路，在小学、初中、高中三个学段综合实践活动课程评价维度与内容要素重组的基础上，我们可以将设计制作中“设计思想”的评判标准建构为如表 6–1 的二维表格。这是在纵向层面对设计制作活动中“设计思想”的根本认定。

表 6–1 设计制作中“设计思想”的评判标准

学段	评判标准
小学	运用常见、简单的劳动和信息技术解决实际问题。
初中	运用一定的操作技能解决生活中的问题，将一定的想法或创意付诸实践，通过设计、制作或装配等操作和不断改进较为复杂的制品或用品。
高中	形成在实践操作中学习的意识，提高综合解决问题的能力。

好的设计都起源于好的创意，好的创意又源于解决问题之需。“设计思想”侧重于考查三个方面：一是发现要解决的问题；二是产生解决问题的好的创意；三是将好的创意借助于一定的技术设备付诸实践，直至解决问题。这三个方面是评价“设计思想”的基本标准。

[1] 钱旭鸯:《综合实践活动课程之“设计制作”：内涵、价值与实施》,《基础教育课程》2017 年第 12 期。
[2] 同上。

目前，《指导纲要》中设计制作活动有部分推荐主题是围绕信息技术方面的设计制作展开的，如表 6–2 所示。

表 6–2　信息技术的设计制作主题推荐[1]

专题教育	年级	推荐主题	数量
硬件基础与系统管理	3—6	1. 我是信息社会的“原住民” 2.“打字小能手”挑战赛 5. 电脑文件的有效管理	
	7—9	1. 组装我的计算机	
网络信息与交流	3—6	4. 网络信息辨真伪 7. 信息交流与安全	
	7—9	2. 组建家庭局域网 9. 体验物联网	
信息表达与加工	3—6	3. 我是电脑小画家 6. 演示文稿展成果 8. 我的电子报刊 9. 镜头下的美丽世界 10. 数字声音与生活 11. 三维趣味设计	
	7—9	4. 我是平面设计师 5. 二维三维的任意变换 6. 制作我的动画片	
程序设计	3—6	12. 趣味编程入门 13. 程序世界中的多彩花园 14. 简易互动媒体作品设计	
	7—9	3. 数据的分析与处理 7. 走进程序世界 8. 用计算机做科学实验 10. 开源机器人初体验	
STEM	3—6	15. 手工制作与数字加工	
	7—9	10. 开源机器人初体验	

[1] 林众:《全面提升学生信息素养——〈中小学综合实践活动课程指导纲要〉“设计制作（信息技术）”主题解读》,《人民教育》2018 年第 3 期。

（三）设计制作中“设计思想”的评价方法

1. 学生评价

学生的评价来源于对于整个设计过程中的思想的把握。在设计制作活动中，教师应该注意到学生评价的多样性，同时，学生评价的多样性也应通过评价方式的多样性来进行体现。

（1）学生自评。学生的自评根据不同的活动类型有所不同，但是都不会离开语言的描述。学生可以根据描述进行写实记录，还可以采用分级评价的形式来进行评价。例如，在活动中你的表现如何，自己来评星：首先，我能积极寻找家乡特产的制作步骤，并对它们有了初步的了解；其次，在制作的过程中，我可以对活动的过程有清晰的操作思路；再次，在作品展示的部分，我能用合适的方式展示作品，通过成果展示我的设计思路。

在设计制作活动的开展过程中，学生对自己的作品是否实现了在活动设计时制订的预期目标有一个较为明确的判断，他们能够清晰地判断自己的作品是否达到了预期的功能，而进行评价。评价可以采取量化评价与写实记录评价相结合的方式进行，量化评价对于产品、活动成果实现的功能等适合进行量化的部分进行评价，后续采用写实记录的方式对学生在过程中的感受和设计思维的体现，以及如此进行设计的初衷或思路进行质性评价。

（2）学生互评。互评是围绕在学生交流互动的情况下进行开展的，同时也要注意在评价过程中组内和组间评价的良性进行。在互评阶段，结合不同类型的设计制作的活动内容，学生需要学会不同的互评形式。比如，开展信息技术活动时，可以在校内、班级内组织学生进行活动展示，由学生担任大众评审，对于其设计思路进行评价。

由于部分活动需要设计《任务书》《设计报告》等资料，也可以让学生在班级内模拟“创新创业大赛”的形式进行评价。一方面，学生可以通过这种形式发现他人优点，学会欣赏他人；另一方面，还可以在这个过程中发现自己在操作和设计思维中存在的不足或者优点，并与他人进行相互交流，达到设计思维的拓展等目的。

2. 教师评价

教师的点评同样也是贯穿于整个活动中的，尤其在“设计思想”的把握部分，教师比学生有更高的视角，可以从更全面的角度进行评价。但引起我们注意的是，教师的评价通常更侧重于学生或者活动的整体评价，对于个性化的关照较少，评价全面也意味着可能会失去焦点。让我们看看以下的案例。

> 教师的点评：枣与艺术的碰撞，让我和孩子们一起了解了枣的文化，学习了枣树的线描写生、枣的包装设计、枣的童谣绘画等，围绕“枣”开展的一系列艺术活动。我感觉围绕一个主题而开展活动其实特别地过瘾，其内容主要包括两个方面：一是关于枣的文化进行了深入的探究；二是这次活动涉及美术的造型表现、设计应用、欣赏评述和综合探索四大领域。在枣树的线描写生活动中，大部分学生的写生作品还是比较优秀的，他们用手触摸粗糙的树干，用线条表达对枣树、对纹理的理解。他们能够画得酣畅淋漓，得益于三年级起我对他们线描课的高要求，只有基础打好了，才会创作出好的作品。在枣的包装设计部分，孩子们充分发挥自己的设计才能，他们先设计出一个枣的包装模板，得到我的认可之后，再把这个模板做成包装盒平面图，在平面图上设计图案和文字，最后做成一个完整的包装盒。在这个过程中，他们体验到做一名设计师的艰辛和快乐。在童谣绘画部分，我和学生到枣树下唱童谣、做游戏，孩子们体验后编写了关于枣的童谣。我还带着学生欣赏了一些童谣绘画作品，重点讲解童谣中打枣的人物动作，最后讲解这样的情景怎样用图式语言进行表达。经过对这一情景的认真解读，再引导孩子们进行相关事物的组合，例如枣树、枣子的穿插，使之形成非常漂亮的画面。经过对作品细致的导读

分析后，孩子们的创作也都有了质的飞跃。在进行色彩表达时，我给孩子们的建议是两个字：层次，运用同类色进行色彩的层次表达，先上浅色，再上深色，使之形成一种简单的渐变效果，让色彩更加有层次感。在孩子们自己的实践中，大多数孩子都非常棒，画出了自己心中的童谣。枣与艺术的碰撞，我们唱着、画着、创作着……，在活动中不断体验着艺术带给我们的快乐。

3. 社会评价

社会评价在设计制作部分并不像之前社会服务所占比例较多，因为在此部分更多的是学生的操作和行动以及学生之间的互动，而社会只是在部分情况下参与其中。

4. 综合评价

在活动过程中，是一种问题为导向的形式。在这个过程中问题在不断地被转化[1]，但学生会使用他们的方式进行解决，这样便可以培养学生解决复杂问题的能力。而复杂问题在解决之前需要有较为清晰的思路，以提供解决方案的总的方向，教师要结合相应的评价方式，对学生的设计思维部分进行综合评定以及对他们的反应进行记录。

二、“行动实施”维度的评价

根据前文中设计的评价思路，在小学、初中、高中三个学段综合实践活动课程评价维度与内容要素重组的基础上，我们可以将设计制作中“行动实施”的评判标准建构为如表 6–3 的二维表格。这是在纵向层面对设计制作活动中“行动实施”的根本认定。

[1] 王萍:《创意物化成果是如何诞生的？——综合实践活动课程“问题生成—转化式”教学完整示例》,《人民教育》2018 年第 3 期。

表 6–3 设计制作中“行动实施”的评判标准

学段	评判标准
小学	1. 能在老师的引导下，结合学校、家庭生活中的现象，发现并提出自己感兴趣的问题。 2. 通过动手操作实践，初步掌握手工设计与制作的基本技能。 3. 学会运用信息技术设计并制作有一定创意的数字作品。
初中	制作和不断改进较为复杂的制品或用品，进行信息技术的学习实践。
高中	积极参与动手操作实践，熟练掌握多种操作技能，综合运用技能解决生活中的复杂问题。

“行动实施”侧重于考查动手操作实践能力、综合运用信息技术的能力、产品的更新与迭代能力。因此，在评价设计制作活动的“行动实施”时，主要看学生在此三个方面的综合表现。

三、“价值成果”维度的评价

根据前文中设计的评价思路，在小学、初中、高中三个学段综合实践活动课程评价维度与内容要素重组的基础上，我们可以将设计制作中“价值成果”的评判标准建构为如表 6–4 的二维表格。这是在纵向层面对设计制作活动中“价值成果”的根本认定。

表 6–4 设计制作中“价值成果”的评判标准

学段	评判标准
小学	运用常见、简单的信息技术服务于学习和生活。
初中	1. 发展实践创新意识和审美意识，提高创意实现能力。 2. 通过信息技术的学习实践，提高利用信息技术进行分析和解决问题的能力以及数字化产品的设计与制作能力。
高中	增强创意设计、动手操作、技术应用和物化能力。

“价值成果”主要侧重于学生的创意设计与实现能力和将信息技术运用于生活问题解决的能力两个方面，从而体现创造性解决生活问题的意

识与综合能力。所以，在评价价值成果维度时，既要注意有形的创意产品，更要侧重无形的问题发现能力与创新意识。

第二节　案例呈现与评价反思

一、案例呈现

水火箭“一飞冲天”[1]

适用学段：高中

水火箭是物理教学中经常用到的典型案例之一，又称气压式喷水火箭、水推进火箭。其组成包括动力舱、箭体、箭头、尾翼等部分。通过设计发射水火箭，学以致用，可以让学生直观地了解导弹、运载火箭的发射升空过程，理解导弹与飞机飞行的原理及其不同点。作为动手动脑的科普教材，可以直观形象地解释牛顿三大定律，了解一些基本的空气动力学和飞行力学等方面的知识。同时培养学生的科技素养，增强学生的动手实践能力，开发学生创造性思维，激发学生学习的兴趣和对科学的热情。

一、主题目标

技术意识：理解技术对人的发展作用，能就技术对社会、环境的影响做出理性分析，形成对技术的敏感性和责任感。

工程思维：认识技术设计的多样性和复杂性，通过设计制作水火

[1] 参见龙卫海主编《综合实践活动（研究性学习）课程设计与选题指导》，上海科技教育出版社，2019，第 142-149 页。有删改。——编著者

箭进行要素分析、方案构思和比较权衡，领悟系统、流程、控制的基本思想和实际运用，能做简单的性能评估。

创新设计：通过收集水火箭的信息，综合分析该技术问题，提出符合原理且具有一定创造性的构思方案，能进行满足技术性能和指标的技术试验、技术探究，并进行观测记录和信息加工分析，最终优化水火箭的设计方案。

物化能力：根据牛顿三大定律，结合水火箭设计的实践操作，学以致用地在设计过程中领悟相关知识，并形成一定的操作经验和实践感悟。独立完成模型设计制作，培养动手实践和创造的能力。

二、课程安排

1. 水火箭原理，设计方案介绍

2. 模型制作

3. 发射试验

4. 总结感悟

三、教学过程

1. 原理介绍

观看火箭发射视频。

提问学生：火箭和导弹的发射升空的动力是怎么来的？我们已经学习了牛顿三大定律，那么火箭升空这个过程中是如何体现的呢？

学生发言：……

教师讲解：火箭发射原理包括力的作用力与反作用力、通过不断减少自身质量改变加速度、惯性的存在。火箭是以热气流高速向后喷出，利用产生的反作用力向前运动的喷气推进装置而前进的。它自身携带燃烧剂与氧化剂，不依赖空气中的氧助燃，既可在大气中又可在外层空间飞行。火箭在飞行过程中随着火箭推进剂的消耗，其质量不断减小，是变质量飞行体。

要实现火箭升空就不得不提到两个东西——“燃料”和“推进

剂”，它们为火箭发射升空提供了动力。而今天讲的水火箭和火箭类似。根据大家的经验和对火箭的认识，有几个问题问大家。

提问学生：什么是水火箭？水火箭和火箭有什么异同？水火箭又是靠什么提供升空动力的？

学生发言：……

教师讲解：水火箭用废弃的饮料瓶制作而成。它分为动力舱、箭体、箭头、尾翼等部分。制作完成后，在动力舱中加入一定量的水，利用打气筒往动力舱中打入空气。利用水和空气的质量之比（水的密度约是空气的775倍），压缩空气使水从水火箭尾部的喷嘴向下高速喷出，在反作用力作用下，水火箭快速上升，利用惯性在空中滑翔。

实现水火箭的发射，要用橡皮塞紧的瓶子（这里我们用螺纹喷嘴），形成一个密闭的空间。把气体打入密闭的容器内，使容器内空气的气压增大，当超过橡皮塞与瓶口接合的最大限度时，瓶口与橡皮塞自由脱离，瓶子内水向后喷出，箭体获得反作用力射出。

水火箭和火箭最大的不同，在于其推进的媒介是由高温空气变成水而已。在发射水火箭前会注入空气，达到一定压力，由于高压会自然向低压流去，故在喷嘴被打开时，空气自然向喷嘴流去，但由于水挡在前方，水就会被空气推出水火箭，而水火箭也借此获得向前的速度。

那么接下来请大家自行构思设计一个水火箭，在草稿纸上画出草图，然后向同学们展示并介绍你的设计思路和特点。下节课我们就按照自己的方案制作水火箭。

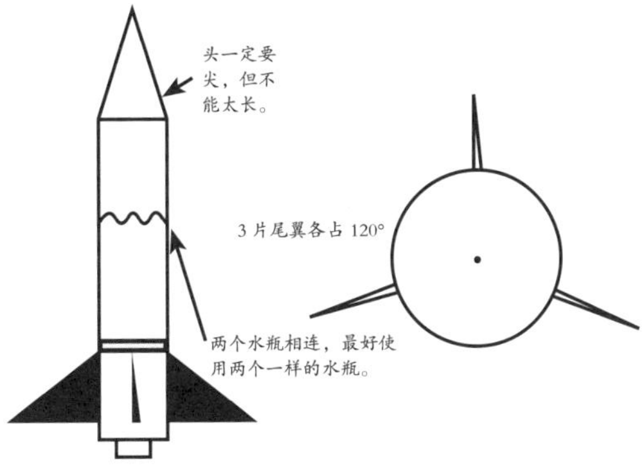

图 6-1　水火箭模型示意图

学生设计构思：……

2. 模型制作阶段

器材准备：饮料瓶、水、打气筒、卡纸、透明胶带、直尺、剪刀、螺纹喷嘴、手动控制器（或橡胶塞、自行车气门芯）。

水火箭的头部：用有弹性的橡胶做头部，在落地时能吸收冲击力，起到缓冲的作用，为保护水火箭的安全，可做成水滴形减小空气阻力。

平衡舱：水火箭动力舱的上部，飞行中有平衡作用，不能进水和空气。

侧翼：用硬纸片剪裁三个或四个侧翼。为了使水火箭飞行时有较好的稳定性，侧翼必须有一定的硬度，侧翼设计需要大小合适，过大加重水火箭负荷，过小没有平衡功能。剪好侧翼后，用透明胶带均匀地粘贴在水火箭的下部侧面。

动力舱：水火箭的本体。需从水火箭下部的开口注入水和空气，使水火箭内部增压。因舱体压力会逐步增强，所以需连接紧密，如果漏水漏气都会影响发射效果。

增压塞：用小刀切下橡胶塞较粗的一端，切口直径为 2.3 cm，穿过小孔装上气门芯，将橡胶塞用力塞进瓶口内时，其露在瓶口外的部分不超过约 2 mm（这里我们直接采用螺纹喷嘴）。

发射台：固定水火箭。动力舱注入水、充入空气后，连接部下沉。锁打开，将水火箭发射出去。

学生制作：……

3. 发射试验

水火箭发射方法：

（1）需要注意水量的控制。水火箭用水量和水火箭容气空间有一定的比例，不能太多也不能太少，最佳用水量约为水火箭容气空间的 1/4 至 2/5 之间，为了达到最佳效果需要多试验几次。

（2）发射角度的影响。水平方向飞行，由于空气的阻力，发射的最佳角度在 50°~55°之间，不同的水火箭可能不同，通过调节发射角度试验，找到一个最佳角度。竖直方向飞行则为 90°。

（3）增压塞使用方法。增压塞的使用原理是通过挤压橡胶塞来调节增压塞的松紧程度，挤压越厉害，增压塞越紧，增压塞冲出时的气压就越大，即水火箭获得的动力越大。具体使用方法：将增压塞塞进水火箭的瓶口内，再加气使用。这里我们使用螺纹喷嘴，直接注入空气，感觉压力较大时，释放螺纹喷嘴。

（4）发射稳定调控（仅讨论水平方向的发射）。我们需要制作一个发射台，发射台要配有导航轨道，导航轨道一般长为 60 cm。无风天气时，正对目标按最佳发射角度（指发射轨道与地面的夹角）发射。刮风天气时，应视风力和风向适当调偏与发射目标的方向，保持最佳发射角度发射。

（5）注意事项。发射时，确保水火箭和轨道的平直一致，若偏离 1°~2°都会影响飞行的平稳性而呈“8”字形飞行。用气筒打气时，要尽可能平稳，打气频率要快点。要尽可能将气塞塞紧，气塞塞得越紧瓶内气压越大，则水火箭的动力就越大。

学生发射试验：……

4. 总结感悟

水火箭发射高度和注水量的关系：分别装入 2/5、1/4、1/3 的水量发射，观察结果。在水量为 1/3 时，水火箭最高。气压与射程成正比。因为气压越大，喷水的力量越大，水火箭的冲量越大，水火箭做反冲运动就越剧烈。如果水火箭中的水未喷完，由于气压减小停止了加速，剩余的水增加了水火箭的质量，使水火箭受重力影响而提前坠落。

发射角度对水火箭飞行的影响：分别使用发射仰角为 35°、45°、55°、65°、75°，比较发射仰角对水火箭发射距离的影响。在发射仰角45°至55°之间（约为52°）时，可以达到最大的射程。当发射仰角太小时，水火箭向上的分力不大，爬升高度不大，且由于水火箭受地球引力的作用，使其容易落下，造成射程缩短。而当角度太大时，其向上分力虽大，但向前分力太小，以至于射程太短，形成“射得高，但射不远”的情形。所以在水火箭的发射角度方面，需考虑向上分力及向前分力适中、各种外界因素的影响以确定发射仰角。

学生感悟：……

二、评价反思

以下五大类问题，可以引导我们深入思考“水火箭‘一飞冲天’”活动案例的评价问题。

第一，“水火箭‘一飞冲天’”活动过程的设计是否完整？学生为了设计与制作水火箭，所开展的一系列活动过程是否体现了设计制作活动方式的关键要素？

第二，在“设计思想”维度上，“水火箭‘一飞冲天’”的实践旨趣是什么？要解决的主要核心问题是什么？是什么动机诱发了学生提出这一设计构想的？这一核心问题是如何进一步分解为具有逻辑性和操作性强的系列设计制作主题的？这些研究课题又是如何落实为制作行动的？

第三，在“行动实施”维度上，“水火箭‘一飞冲天’”如何体现了设计制作的基本过程？活动开展的思路是否清晰？有没有以及如何运用到多种方式或方法去解决制作过程中遇到的问题？解决方法是否得当？有没有以及如何运用多学科的知识去解决问题？

第四，在“价值成果”维度上，“水火箭‘一飞冲天’”的研究有形与无形成果是什么？研究者对最终的产品是否满意？是否增进了自己对火箭知识的理解与运用？是否对研究者的学习生活具有一定的启示性意义？

第五，“水火箭‘一飞冲天’”案例中的教师和学生是如何发挥评价者的角色的？学生和教师又是如何利用评价结果的？

第二编　四种活动类型的课程评价

第七章

职业体验评价

根据《指导纲要》，职业体验是指“学生在实际工作岗位上或模拟情境中见习、实习，体认职业角色的过程，如军训、学工、学农等，它注重让学生获得对职业生活的真切理解，发现自己的专长，培养职业兴趣，形成正确的劳动观念和人生志向，提升生涯规划能力”。职业体验体现了“教学做合一”的思想，对于“做中学”是一个很好的进行方式。

本章按照“设计思想—行动实施—价值成果”的评价思路与评价维度，基于各学段对职业体验要求的阶段性特征，具体论述了职业体验在设计、实施、成果评价中的问题，并结合具体案例论证了职业体验评价的具体操作方法。最后，就职业体验评价过程中所涉及的若干关键性问题，进行了反思性地归纳。

第一节 职业体验评价的维度

一、“设计思想”维度的评价

（一）职业体验活动过程的设计

职业体验的活动方式，如果按照理想型原理设计出完整过程，应该包括七个环节：①师生选择或教师设计职业体验情境；②学生在具体情境中进行体验；③学生及时记录在体验过程中的感受、想法；④学生对记录的资料进行回顾、体悟、分析与总结；⑤学生撰写出《职业体验报告》；⑥学生之间相互交流职业体验的感受；⑦反思、总结体验过程，提出新的问题或创意。其中，①属于活动策划阶段，②③④属于活动开展阶段，⑤属于成果表达阶段，⑥属于展示交流阶段，⑦属于反思改进阶段。

同理，在某一项具体的职业体验活动中，并不一定需要包括所有这七个环节，而是根据学生的职业体验水平、现实的条件情境进行灵活选用。但不管如何精简，一项完整的职业体验过程都应该包括活动策划、活动开展、成果表达展示、展示交流、反思改进这五个阶段。评价者可以根据一项职业体验活动的实施总过程，来评价活动的完整程度。

（二）职业体验活动中“设计思想”的评价标准

根据前文中设计的评价思路，在小学、初中、高中三个学段综合实践活动课程评价维度与内容要素重组的基础上，我们可以将职业体验中“设计思想”的评判标准建构为如表 7-1 的二维表格。这是在纵向层面对职业体验活动中“设计思想”的根本认定。

表 7-1　职业体验中“设计思想”的评判标准

学段	评判标准
小学	初步形成集体思想、组织观念。
初中	1. 通过职业体验活动，形成积极的劳动观念和态度，具有初步的生涯规划意识和能力。 2. 初步形成对自我、学校、社区负责任的态度和社会公德意识，初步具备法治观念。
高中	形成在实践操作中学习的意识，提高综合解决问题的能力。

职业体验的“设计思想”侧重于考查学生两方面内容：一是劳动观念和态度，二是自我的生涯规划意识与能力。在体验多种职业类型后，懂得不同劳动分工的价值和意义，能尊重劳动者，热爱劳动。同时，为自己以后的工作和生活做出规划，发挥自己的才能。因此，一项职业体验活动是否具有“设计思想”，主要看其在上述两方面内容的体验程度。

“按照金斯伯格的职业生涯发展理论，从童年到青少年阶段，职业生涯的发展分为幻想期、尝试期和现实期三个阶段。中小学生的成长正是经历对职业从好奇、幻想到兴趣，再到有意识培养职业能力、综合认识和考虑自己的兴趣、能力与职业社会价值、就业机会，开始进行择业尝试的逐步成长过程。”[1]职业体验包含了多个方面，也有多个主体参与在职业体验活动中，对于综合实践活动课程评价来说，也会有多个主体参与其中。

（三）职业体验中“设计思想”的评价方法

根据以上评价目标和评价过程的陈述，在职业体验方面结合不同的主体提出以下的评价内容和方法以供参考。

1. 学生评价

（1）学生自评。学生通过写实记录的方式对自己在职业体验过程中的“设计思想”进行评价，用口头表达和书面记录的形式开展自评。学

[1] 黄琼：《中小学职业体验活动要抓住关键要素——〈中小学综合实践活动课程指导纲要〉“职业体验”主题解读》，《人民教育》2018 年第 3 期。

生对于活动的感受是最直观的，可以通过在活动过程中的感受给予教师反馈，让教师对整个活动过程中学生的表现有所把握。对于教师而言，在这种需要多方参与的活动中，为了兼顾多个主体，可能对学生的关注度会降低。因此学生的自评尤为重要，特别在学生的实习、见习活动中，对学生的主观意愿和诉求的表达应该给予充分的关注和鼓励。评价可以采用写实记录、口头表达、分级评价等形式进行。

在职业体验过程中的自评内容包括：一是学生对设计职业体验的情境进行评价，写实记录自己在相应情境中的感受；二是学生及时记录在体验过程中的感受、想法，对于活动准备过程和整个活动的开展的思路等进行评价；三是学生对记录的资料进行回顾、体悟、分析与总结；四是结合自己撰写的《职业体验报告》进行评价。

例如，在“挣第一元钱”活动中所做的活动记录：

我自己是卖西瓜组的，想到我们因为没有练习好切西瓜的技巧，51 元的西瓜只切了 36 元，心里就不是滋味。或许，大家都有着同样的感受，这时他们的眼泪已经感染了所有的同学，也包括老师，看得出，有好多同学都在偷着擦拭眼泪。这也是我们这个班三年来，流出的同一滴泪。

又例如，在六年级综合实践活动课程“家庭财务小管家”中的记录评星表：

表 7–2　××× 同学活动记录评星表

真实记录	星级
• 我能积极学习理财知识，对财务管理和理财有了基本的了解。	☆☆☆☆☆
• 我能尽职尽责做好家庭财务小管家，了解家中的财务状况，并对家庭收支计划提出自己的建议。	☆☆☆☆☆
• 我能积极参与家庭理财，并顺利体验了储蓄理财的过程。	☆☆☆☆☆

学生根据自己的感受对职业体验的过程进行了说明，也在这个过程中反思了对自己的“设计思想”方面的评价。同时教师可以了解到他们在整个活动中的直观感受。

（2）学生互评。互评包含在职业体验过程中学生间的互评，学生与职业体验人群之间的互评，这种互评有助于培养学生的共情能力。学生在这个过程中，可以了解生活的不易。在这种学校同时联合社区、家庭、企业等多个主体参与其中的活动中，学生也可以走出课堂了解社会的发展，通过这种体验的形式对自己的职业生涯有所规划。

例如，在“挣第一元钱”活动的学生互评中同学做的评价：

我让同学们自己去设计版面，只要包括了自己说、同学说、家长说、老师说四个环节就行，有必要的还可以加上活动中其他人所说的话。同学们都非常珍惜这次活动的评价，大家商定好把这次的评价表贴在了自己的床头，希望每天看到。

表 7–3 ××× 同学的评价表

评价表	
自己	在参加这次“挣第一元钱”活动后，我知道爸爸妈妈挣钱是很不容易的，我们不要问爸爸妈妈要钱了。
同学	你要多向其他挣到钱的同学请教挣钱的方法，争取下次顺利地挣到钱。
卖菜的老伯	小姑娘，你别不吭声啊！像我这样大声地吆喝，别人才知道你在干什么。
家长	孩子，虽然你在“挣第一元钱”活动中没有赚到钱，但你的表现还是蛮棒的。别气馁，不是有句格言吗？失败乃成功之母。只要努力，没有什么办不成的事。宝贝，爸爸妈妈永远支持你。
老师	你虽然没有挣到钱，可你却挣到了一段鲜活的人生经历。多年以后，你会发现，它已永远地留在你的记忆中，是那么淡雅，那么清香。

学生通过活动记录，或成果展示，或教师收集的学生活动感想而参与活动的互评过程，进行一次综合实践活动过程的全面反思与评价，可以对设计思路提出改进意见，并对整个活动发表总体的感受。在这种彼此欣赏、交流表达、互提意见或建议的过程中，使每一组、每个个体都能在互评中得以提升。

2. 教师评价

一般而言，社区机构或企业为学校开展生涯教育提供实践的场地、人力、物力等方面的资源，教师在这个过程中承担了中间的纽带和桥梁的责任。“职业生涯教育具有不同于其他形式教育的体验性和预备性特征，这些特质使得职业生涯教育一方面必须将课堂学习与工作世界紧密联系起来，将所学知识和掌握的技能运用于实际工作场所，提升知识的实用性，增强技能的熟练度；另一方面要为学生的升学做准备，将高中学习与大学学习挂钩，做好高中与大学之间的有效衔接。”[1] 职业体验活动是为了之后的职业规划做准备，所以对于学生而言，他们可以在这个过程中体会到“设计思想”的重要性。而教师则可以进行考察与指导，将评价与观察结合，评价与引导结合。教师的评价在不同的年龄阶段发挥着不同的作用。在下面这个案例中，教师通过写实记录对自己的操作方式进行了反思，同时在记录中对学生进行了评价。通过教师的写实记录评价，可以了解学生在活动开展前的设计思路存在的问题等。

小学生零花钱情况调查

我们开展的第三个活动是“小学生零花钱情况调查”，这个星期得统计调查数据了。走进四（1）班教室，我感觉同学们的眼神怎么好像与原来不一样。指导他们计算“调查总人数”后，有两个组没有听清楚，数起了所有选项的“正”字（我们班采用的是口头问卷调查

[1] 刘丽群、林霞：《美国高中职业生涯教育：内容框架与实施路径》，《职业技术教育》2018 年第 4 期。

形式，结果以“正”字记录），结果虚实相差一大截。一看他们的记录本，很多人没有进行调查，有的也就调查了两三个人。我强压着心中的火焰，要求他们重新做好调查工作。临近下课时，我发现了一件很意外的事：有几个同学为了逃避重新调查，竟然随心所欲地画起了“正”字。小小年纪，就学会了“瞒天过海”的招式。这节课可想而知，是在一种不愉快的氛围当中结束的。

我这也是第一次在综合实践活动课上向学生发了脾气。下课后，思来想去，还是觉得这事也不能完全怪学生，我也有错。考虑到有的学生会闹情绪，更加不会去完成调查了，我利用午休时间又找到了这些同学。“黄老师，您可把我们害惨了，六年级我一个人都不认识，怎么调查？”“五年级的那些同学，我一问，他们就会跑。”原来，他们只是担心在调查对象中，没有一个熟悉的人，害怕自己到时候没勇气去进行采访、调查。虽然在此之前，也讨论过一些交际手段，但真正要他们勇敢地跨出第一步也是不太容易的，学生的担心不是没有道理的。

在与学生交流之后，我给他们提出了几条建议：

第一，可以以小组集体行动的方式去进行调查。

第二，可以单独行动，胆小时可以找个要好的伙伴陪同一起进行调查。

第三，如果有必要，可以找一个熟悉调查对象的同学作为你与调查对象相互沟通的中介，以助于顺利完成任务。

第四，各个小组之间也可以互相配合，共同完成调查任务。

同学们听了我的建议，茅塞顿开，先前的担心很快就消失了。总算没有因为我的草率而给学生造成心理上的伤害，这颗悬着的心也总算可以落下了。

今天是周四，其中的几个同学找到我，兴冲冲地告诉我：没想到任务很容易完成了，一个中午的时间就解决了。这真是个好消息。本着“立足过程，促进发展”的指导思想，在我的引导下，同学们不断地在活动中反省、提高，在客观的评价中快乐、健康地成长着。

3. 社会评价

综合实践活动具有很强的开放性，它的有效实施和评价需要学生走向校外的社会场所。职业体验活动需要利用丰富的社会资源开展，家长和一些专业人士作为社会教育资源，可以直接参与学生的活动，因此对学生在活动中的真实表现有直观感受，并能进行评价。教师可以在活动开展前对相关内容做出说明，并根据学生的情况进行评价，制作表格或者为他们提供相关环节对学生的“设计思想”进行评价，进而了解学生的表现。学生和不同职业的群体的互评环节中，职业人群体的评价往往是基于他们的工作经验和生活经验进行的评价，更具专业性，但是要注意以鼓励性词语为主，而学生对职业的评价，可以看出学生在这次综合实践活动课程中所获得的发展。

综合实践活动课程中的职业体验也离不开家长的支持和参与。教师可以请家长参与到职业体验的评价环节，结合学生的实际表现进行评价，再结合学生在活动之外的表现，对学生的“设计思想”进行评价。同样，家长参与到活动评价中，也可以得到本次活动后学生表现的反馈。

例如，“小小厨师”职业体验结束之后，家长对此活动进行了评价：

因为平时的生活中对孩子的关注度较低，孩子在活动之后开始主动要求完成力所能及的家务，并且十分能干。我们以为很多事情孩子是不会做的，但是其实他会做，我们低估了他的能力，他还说对我们每天辛苦地为他准备饭菜十分感激，以后再也不浪费粮食了。

4. 综合评价

根据各个主体对于学生的评价，教师将这些评价内容进行收集和整理，并结合在职业体验中“设计思想”的评价内容，对在活动中学生的表现进行综合评价。学生的表现内容将会以综合评价的形式进行呈现，贯穿整个职业体验活动的始终。同时，他们的《职业体验报告》、各个评价主体的评价内容等也将按照学生成长的历程，在网络评价系统中上传，最后成为他们在职业体验过程中“设计思想”的发展评价，成为他们电子档案的一部分。

二、“行动实施”维度的评价

根据前文中设计的评价思路，在小学、初中、高中三个学段综合实践活动课程评价维度与内容要素重组的基础上，我们可以将职业体验中“行动实施”的评判标准建构为如表 7–4 的二维表格。这是在纵向层面对职业体验活动中“行动实施”的根本认定。

表 7–4 职业体验中“行动实施”的评判标准

学段	评判标准
小学	1. 亲历或参与少先队活动、场馆活动和主题教育活动，参观爱国主义教育基地等。 2. 理解并遵守公共空间的基本行为规范。 3. 能在老师的引导下，结合学校、家庭生活中的现象，发现并提出自己感兴趣的问题。
初中 / 高中	1. 能主动分享体验和感受，与老师、同伴交流思想认识。 2. 参加职业体验活动，发展兴趣专长。

“行动实施”侧重于考查学生在职业体验过程中的参与程度和反思能力。根据“体验式学习圈”理论，一项完整的体验过程包括：具体体验—观察反思—形成抽象的概念—在新情境中检验。由此可见，体验式学习的核心要素是体验与反思。体验首先是设身处地获取一项具体工作经验，深度体验活动全过程，获得切身的感受、感想、感悟；然后与大家交流这种感受、感想、感悟，在集体中进行分享，以便产生共识，获得对某项工作的集体认知；最后在新情境中再次检验共识和观念，以深化对该职业的认知，发挥该职业对自己职业规划的启示作用。因此，体

验与反思便成为“行动实施”维度评估的核心要素。

三、“价值成果”维度的评价

根据前文中设计的评价思路，在小学、初中、高中三个学段综合实践活动课程评价维度与内容要素重组的基础上，我们可以将职业体验中“价值成果”的评判标准建构为如表 7–5 的二维表格。这是在纵向层面对职业体验活动中“价值成果”的根本认定。

表 7–5　职业体验中“价值成果”的评判标准

学段	评判标准
小学	初步体悟个人成长与职业世界、社会进步、国家发展和人类命运共同体的关系。
初中 / 高中	1. 深化社会规则体验、国家认同、文化自信，初步体悟个人成长与职业世界、社会进步、国家发展和人类命运共同体的关系。 2. 增强根据自身兴趣专长进行生涯规划和职业选择的能力，强化对中国共产党的认识和感情，具有中国特色社会主义共同理想和国际视野。

“价值成果”主要体现在两个方面：一是体悟到个人成长与外部生态环境的关系；二是在洞悉二者关系的基础上，找到自己的人生定位和发挥自身价值的方式，做好职业生涯规划。因此，对一项职业体验活动“价值成果”方面的评价，主要看其对学生这两方面的促进作用。

第二节 案例呈现与评价反思

一、案例呈现

校园导游[1]

适用学段：小学

本主题以校园导游角色的职业体验为主线，以绘制校园导览图、创作解说词、采用智能化导游形式作为成果表达方式。体验导游职业的同时，感受校园文化，关注校园环境，个性化解决导览问题，创造性设计与制作导览媒体。

学生在完成本主题时，将重点发展学生的语言表达、地理测量、手绘地图等能力，增强他们的信息技术应用意识。

一、主题目标

（一）价值体认：领略校园风景与文化，表达对校园环境文化的理解，抒发对学校生活的热爱。

（二）责任担当：树立主人翁意识，为宣传校园的文化及景色服务，让校园更加美好。

（三）问题解决：能通过实地考察、采访，结合各学科知识，寻求多种方式导游校园，不断丰富校园导游的内容和效果。

[1] 参见钱欢欢:《校园导游》，本案例选自“综合实践活动平台在线云端课程资源”网站https://www.zhsjhdyun.com/c/index.html#/course/detail?id=ab1fd95c7e6f458faab7a0dd2bfb3348。有删改。——编著者

（四）创意物化：制订导览学校计划，设计校园导览图、导游词以及智能化导游媒体，呈现多样化导游设计、制作职业体验成果。

二、主题结构

（一）准备阶段：关注导游工作，制订导览校园计划

（二）实施阶段：体验导游工作，创意智能导游

（三）总结阶段：展示校园导游图，分享活动效果

三、实施条件

校园内、有网络支持的计算机教室、相关地图、相关应用软件

四、教学过程

（一）准备阶段：关心导游工作，制订导览校园计划

1. 活动任务

了解导游工作，明确任务，讨论并制订计划。

2. 活动准备

场地：教室

材料：导游工作视频或图片、多媒体设备

知识：导游工作内容、要求

3. 活动过程

（1）再现旅游情景，关注导游是如何工作的。

学生活动：回忆自己旅游过程中导游都做了哪些工作，模拟导游对景点的介绍，注意礼仪、表情和语言。

指导要点：可多人组合模拟，带入场景，在活跃的氛围下，调动学生积极性，唤醒印象中的导游角色，激起对导游职业体验的向往。

（2）确定导游主题，明确校园导游任务。

学生活动 1：播放一段学生做小导游的视频，如果现在需要作为学校的导游，为来学校参观的嘉宾介绍学校，你们打算怎么做呢？分享交流各自的观点。

学生活动 2：交流汇报之后，观看并了解专业导游导览过程，关

注导游的礼仪、表情、语音、语气、手势动作等。

指导要点：教师为学生播放导游开展工作的视频（事先准备好）。若有条件，可利用家长资源，邀请专业导游走进教室，给学生介绍导游工作内容和流程。

学生活动3：分组讨论做校园小导游要做哪些工作（导游的准备工作，如准备导览手册、介绍词的设计与解说、对学校各方面的了解），确定这些任务的先后顺序。

指导要点：引导学生明确不是简单地模仿导游工作，应理解校园导游的功能和价值，能让来宾在短时间内了解学校历史、文化、特色等内容，并有创意地开展导游工作，如应用现代技术进行智能化导游等，培养学生创新思维能力。

（3）分小组制订校园导游任务。

指导要点：校园导游是一项比较综合的活动，包含导览图、导览手册的设计、制作，导游词的设计和创作。这些不仅涉及景观，还包含景观后面的文化背景。因此，需要整个小组在活动中发挥组员特长，共同完成任务。

（二）实施阶段：体验导游工作，创意智能导游

1. 活动任务

实地考察；设计并绘制导览图，创作导游词；体验导游校园过程。

2. 活动准备（略）

3. 活动过程

（1）设计并绘制导览图。（略）

（2）创作导游词。（略）

（3）小组实践体验校园小导游。（略）

（4）创意智能导游。（略）

（三）总结阶段：展示校园导游图，分享活动效果

1. 展示实践成果，进行评比

学生活动：以小组为单位，评出本次活动中完成的最优秀的成果（包括活动方案、校园导游图、优秀小导游、学习单、智能导游创意设计、自我反思、活动记录或日记等），在全班进行展评。

指导要点：展示的方式可以多元化，将本次活动制作的导览图，在班级内外的文化宣传栏进行展示交流，也可将图片成果和音频成果在家长群中分享。

这里教师应注意只是对学生各类活动效果进行肯定，不要分等级、定好坏，引导学生正确对待结果。

2. 总结交流——“我给校长写封信”

学生活动：为了建设更美好的学校，我们将给校长寄出一封建议信，将本次活动中观察到的学校需要改变的地方记录下来，反馈给校长，并针对这些现象提出自己的建议。

指导要点：教师应尽可能将这些书信转交给校长，请校长回复这些书信，并将回信交给学生。这将极大地鼓舞学生的学习热情，增加学生的校园主人公意识，提升他们的责任感。

表 7–6 “校园导游”学习评价参考

评价指标	评价内容	○	△
问题解决	开展实地考察，利用相关知识提出自己的想法，参与校园导游全过程。		
创意物化	完成了校园地图的基本框架；能在框架上丰富内容，呈现个性化导览图；创作出自己的导游解说词。		
责任担当	积极参与制订导游计划；配合组员完成分工任务；对学校有了更进一步的认识；提出自己的想法，让校园更美。		
价值体认	更加关心和热爱校园生活，关注校园建设。		

○：完全符合要求　△：基本符合要求

五、资源清单

（略）

二、评价反思

以下五大类问题，可以引导我们深入思考“校园导游”活动案例的评价问题。

第一，“校园导游”活动过程的设计是否完整？学生为了体验导游的工作开展的一系列活动过程，是否体现了职业体验这一活动方式的关键要素？

第二，在“设计思想”维度上，“校园导游”的实践旨趣是什么？要解决的主要核心问题是什么？是什么动机诱发了学生提出这一体验构想的？这一核心问题是如何进一步分解为具有逻辑性和操作性强的系列研究课题的？这些研究课题又是如何落实为体验行动的？

第三，在“行动实施”维度上，“校园导游”如何体现了职业体验的基本过程？有没有以及如何体现“体验”和“反思”环节？活动开展的思路是否清晰？有没有以及如何运用多种方式或方法去解决服务过程中遇到的问题？有没有以及如何运用多学科的知识去解决问题？

第四，在“价值成果”维度上，“校园导游”的体验活动有形与无形成果是什么？研究者对于自己设计出来的最终产品是否满意？实践者开发的智能化导游设备，是否能够发挥现实的导游功能？是否增进了体验者对导游这一职业的理解？是否对体验者的职业规划产生一定的启示性意义？

第五，“校园导游”案例中的教师和学生是如何发挥评价者的角色的？学生和教师又是如何利用评价结果的？

第三编　评价的应用与课程的管理

第八章

评价结果应用

服务于升学考试是综合实践活动课程评价的功能之一。如何将综合实践活动课程的评价与当前的升学考试制度有机关联整合，既让家长和社会改变对综合实践活动课程的传统观念，又让综合实践活动课程评价发挥更好的人才选拔和人才评价功能，是本章思考的主要问题。

第一节 综合评定思路

这里呈现的评定思路，是围绕《指导纲要》中学段目标下的“价值体认、责任担当、问题解决、创意物化”制定出评价目标，结合综合实践活动课程的主要方式和关键要素，或它们之间的整合形式来确定评价内容，按照“设计思想”“行动实施”“价值成果”的过程性评价思路，坚持评价的方向性、指导性、客观性、公正性的原则，突出发展导向，做好写实记录、建立档案袋、做好科学评价，坚持过程评价与总结评价相结合的评价策略，如表 8-1 所示。

表 8-1 综合实践活动课程总体评定思路

<table>
<tr><th rowspan="2">评价目标</th><th rowspan="2">评价内容</th><th colspan="2">评价策略</th></tr>
<tr><th>过程评价</th><th>总结评价</th></tr>
<tr><td rowspan="3">价值体认
责任担当
问题解决
创意物化</td><td rowspan="3">考察探究
社会服务
设计制作
职业体验</td><td>设计思想</td><td rowspan="3">基于档案袋
和写实记录
进行综合评定</td></tr>
<tr><td>行动实施</td></tr>
<tr><td>价值成果</td></tr>
</table>

首先，评价目标需要按照《指导纲要》上“总目标”的四个方面，以及四个方面所对应的小学、初中、高中阶段的具体目标，作为评价的主要目标和依据。

其次，不同的活动方式或评价内容所包含的关键要素不同，所以各自应用的评价策略也不相同，应该针对不同的要素或环节，设计不同的评价方法。因此，无法提供各块内容或活动方式通用的评价程序或具体操作步骤。

再次，判断一项综合实践活动有无创造性，以及创造性的程度的标准由以下三方面构成：一是有无明确的、较为新颖的实践目的，二是有无新的方案、工具以及解决问题的方法，三是有无创造性的活动成果。基于此观点，参阅陶行知先生的创造教育思想，我们将“设计思想”“行动实施”“价值成果”作为判断一项实践活动开展过程与成效的根本标准。

最后，要在学期（年）末对学生进行总结性评定，可以基于档案袋和写实记录，在参考平时表现的基础上进行综合评定。

为了体现自主性、建构性、发展性、多主体性的评价原则，综合实践活动课程评价可以采用“雷达评价模式”，或者制作一份动态跟踪学生成长的电子全息档案来进行。

动态跟踪档案取代成绩，用“能力档案”取代唯一的考试成绩。这种做法的初衷是颠覆当前学校中的评价体系，因为考试成绩并不能全面体现学生的综合素质——靠刷题很容易考高分，而成绩好的学生不一定就是优秀的人才，大学如果据此选拔人才很容易“跑偏”。

这种新模型不含分数，也不评级，而是会持续追踪学生学习的记录、评估学生的多项能力。希望在不久的将来，这种动态跟踪的电子档案就将终结高考，成为大学录取新生的评价体系。

为了争取优秀生源，学校必然会采取措施，主动对接这套评估体系。另外，从学生的作品或表现，如何推断出学生是否具有以及在何种程度上具有某种品质，是一个难题，本身也是个评价的问题。

每个学生的最终评价，都是由自我评价、相互评价、教师评价和档案袋评价四个维度或四部分的分值综合生成。其中，前三种评价在完成某一个项目后进行，而档案袋评价则是在一个学期（年）结束后，进行综合评定。

自我评价的方法可以采用文书记载法、图表法、符号法等，其设定方式为：教师设定评价项目和方法，学生自评；教师给予几个评价项目和方法，学生选择后自评；完全由学生设定项目和方法，自评。互评方式，主要有相互谈话、评论会、报告会、论文答辩等。教师评价方式，主要有谈话法、展览评比法、论文答辩法、文艺演出法等。

对于评价结果的解释方式，“从社会文化理论的视角出发，我们认为不可能存在真正的文化中性或绝对公正的评价”[1]。所以，需要从有关公平、文化差异以及学习机会等一系列与平等相关的问题出发，分析高分学生与低分学生之间的不平等关系。我们的视线不能仅仅落在原始分数上，更需要重视对分数的描述和解读，兼及相关的公正问题。评价是了解学生的学习需求以及做出相应的教学改进的重要手段之一。

上述的思路、模式和范例，是综合实践活动课程评价的核心精神与操作要点，不可偏离。而在具体的实践过程中，应有不同的变式，不可拘泥某一固定样式而失却其精神。

第二节　综合评价策略

综合实践活动课程具有整合性、实践性、自主性、开放性和生成性，在综合实践活动课程的评价过程中也应该把握综合评价的要义，这对于学生的发展和综合实践活动课程的有效实施都具有重要的意义和价值。根据过程性评价并结合教师及家长在平时对学生的行为记录，形成学生阶段性的成长评估报告。

“综合”一词英文为“synthesize”，其基本含义是“把分析过的对象或现象的各个部分、各种属性联合成一个统一的整体，或把各种不同而

[1] [澳] 瓦伦缇娜・克兰诺斯基、克莱尔・怀亚特 - 史密斯:《教育评价——标准、评判和调整》，沈蕾译，江苏凤凰教育出版社，2016，第 41 页。

有关联的事物组合在一起，使之成为一个整合体”[1]，注重将过程中出现的对象和现象的各个部分、特点等联合成一个统合的整体。但我们需要注意的是，综合评价的目的是整合，而不是简单地将评价内容等进行堆叠。根据美国课程学者威廉·F. 派纳对于整合（integration）一词的考证，“整合”的观念出现在柏拉图在《理想国》中对于灵魂的解释中，后来在德国赫尔巴特提出的“统觉”概念中也有整合思想的体现。在 2017 年 9 月，教育部颁布的《指导纲要》在“课程内容与活动方式”部分将“整合性”作为综合实践活动内容组织的基本原则，其中指出“综合实践活动课程的内容组织，要结合学生发展的年龄特点和个性特征，以促进学生的综合素质发展为核心，均衡考虑学生与自然的关系、学生与他人和社会的关系、学生与自我的关系这三个方面的内容。对活动主题的探究和体验，要体现个人、社会、自然的内在联系，强化科技、艺术、道德等方面的内在整合”。可见，综合实践活动的综合评价是指向整合的，也就是说综合评价的关键要素是整合性的。教师根据一定的方式进行整合，将这些内容重新组织，根据对于学生综合素质的评价体系，进行统合和分析，并为现在的教育教学实践提供思路。

在此，我们将对之前依据“设计思维”“行动实施”“价值成果”三方面的综合实践活动的评价方式进行综合，试图通过这种方式使得以多元评价主体为基础的多元评价方式获得较为全面的过程性评价结果。根据过程性评价并结合教师及家长在平时对学生行为的记录，形成学生阶段性的成长评估报告。再根据整合的学生阶段性成长评估报告，呈现出我们所构建的“雷达模式”的评价结果。对学生综合素质发展水平进行分析，进而建立综合实践活动课程学分认定的方式或者策略，为综合实践活动评价的升学考试提供思路。

《指导纲要》提出：“要依据课程目标和档案袋，结合平时对学生活动

[1] 潘洪建：《综合实践活动课程的“整合”取向及其实施对策》，《教育与教学研究》2018 年第 10 期。

情况的观察，对学生综合素质发展水平进行科学分析，写出有关综合实践活动情况的评语，引导学生扬长避短，明确努力方向。”进行综合实践活动课程综合评价的基本目的，是对学生综合素质发展水平进行全面和科学的分析后，引导学生的发展。

学生的综合素质的分析维度的选择决定了对学生综合素质的最终分析结果。通过开展综合实践活动的方式来评价学生综合素质的发展是必要的，因为在这种活动背景下，学生所表现出的一定是与学科教育不同的内容。

经典案例：课程发展性评价的探索

昌国小学的“昌国卫文化”课程是以“学生立场”为指导，以“学生发展”为核心，同时协调学生生活，整合校内与校外、课内与课外的各项资源，使当地文化与学科知识相互交融、渗透的综合实践活动课程。

一、优化评价功能

在评价过程中，学校将过程动态性评价和结果发展性评价两种评价方式相结合，既强调了课程实施过程中对教师的监督作用，对课程实施进度了如指掌，又突显了评估结果对过程有效实施的验证。通过对学生一学期发展的全面评估，了解学生各方面能力的发展情况，使这一评价体系对教师、学生都起到积极作用。

二、建立评价体系

评价是实现综合实践活动课程目标的有效手段和方法，它贯穿综合实践活动课程实施的全过程。既然是开发实施的课程，就要对课程的效益进行评价。综合实践活动课程作为学校层面的课程，它的评价体系该如何构建，它的评价标准该如何界定，这是课程开发与实施必须研究的内容。

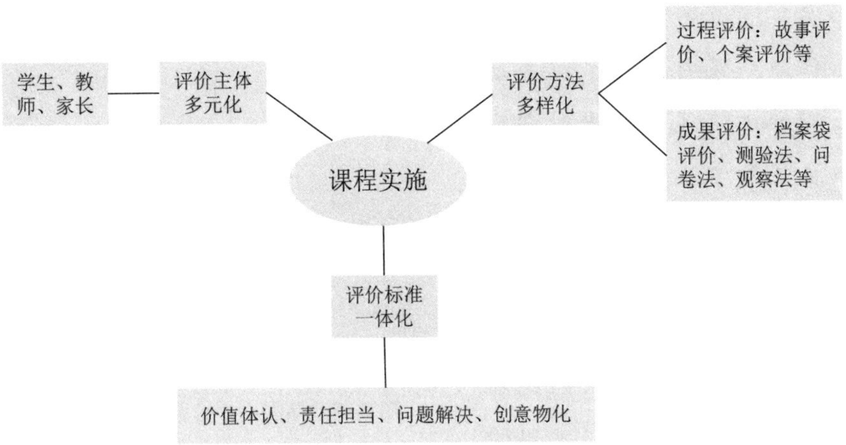

图 8–1 昌国小学综合实践活动课程评价体系

课题组在参考相关课程评价体系的基础上，学习和借鉴了国内好的经验、做法，对综合实践活动课程的初步评价体系做了一定的探索（如图 8–1）。我们认为综合实践活动课程的评价体系应做到以下三点。

1. 多元化的评价主体

在传统的评价方式中，评价主体就是教师，单一的评价主体使评价本身缺少客观性，难以促进学生的发展。综合实践活动课程的实施则需要家长的配合与帮助，家长熟知自己孩子的性格特征，能对孩子在活动中的思想意识和行为表现做出正确的评价和应对。学生的自我评价是一种内部评价，能促使学生更全面地认识自己，并形成小组互评、组内互评的氛围，从而让学生既了解别人，也从中认识自己。在过程性评价和终结性评价相结合的评价方式中，评价组织体系更显完整（如图 8–2）。

从图中可以看出，不同的评价主体注重不同阶段和不同角度的评价。学生本人要时刻有自评意识；组长更多是将组员在小组合作中的情况进行记载并做出评价；课代表主要负责记录综合实践活动课程实施时的情况和评定同学们的课内表现；任课教师主要负责评价综合实践活动课程实施的过程、作业，课内及时了解并反馈学生情况以及平时向班主任和学生家长了解学生的详细情况等。

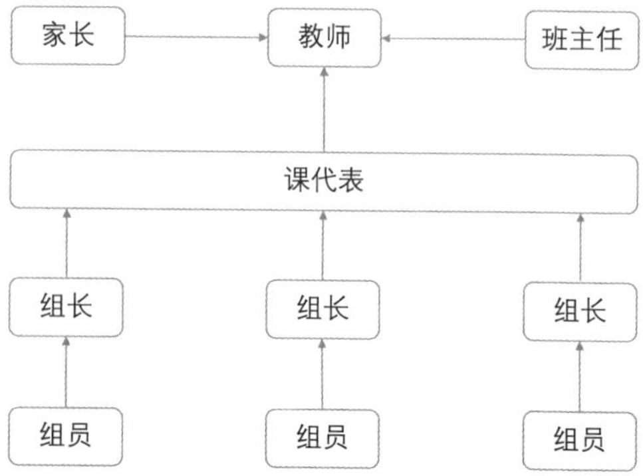

图 8-2 昌国小学综合实践活动课程多元评价主体

2. 多样化的评价方法

综合实践活动课程评价内容广泛多元，因此在不同的阶段要采取不同的评价方法，可以根据每个孩子的特点、爱好，采用不同的评价方法，尽量全面客观地评价综合实践活动课程的方方面面的内容。在进行过程评价时可以采用故事评价、个案评价等。在进行成果评价的具体操作时，可以利用档案袋评价、测验法、问卷法等方法。

比如，可以用诗情画意的方式给每个孩子写下评语：

虽然你只是个记录员，
但是对于分到的任务，
你不仅乐于接受，
还那么负责地去完成。
那么，
在大伙儿眼中，
你就是小组中的优秀一员。

学生看到这些用心写的诗一样的评语，那份欣喜无法用语言来表达，似乎比作品获奖还要开心。

3. 一体化的评价标准

课程评价标准的一体化表现为：课程教学中进行价值体认、责任担当、问题解决、创意物化四个维度的评价。在评价的整个过程中要充分考虑学生的个体差异，构建一体化的评价标准。

三、明确评价方式

评价方式可采取自我评价和他人评价、个别评价与集体评价、形成性评价与总结性评价等多种形式。“昌国卫文化”综合实践活动课程的评价体系主要采取学生评价、教师评价、家长评价。

1. 学生评价

学生评价包括学生自评、组内互评及小组互评等形式，通过各种途径对学生的实践能力、情感、态度和价值观进行综合评价。

（1）学生自评。在此次综合实践活动中，教师引导学生自评，让他们不断地自我肯定、反思与总结。（表 8–2）

表 8–2 昌国小学综合实践活动课程自评表

评价项目	自评星级（最高五颗星）	我的反思与总结
你喜欢这样的课程吗？		
你与小组里的成员合作完成了探寻任务吗？		
哪些成果让你尝到了成功的喜悦？		
通过这次活动你最大的收获是什么？		
你还会就这个活动继续开展实践吗？		

（2）组内互评。以小组为单位开展主题探寻活动，教师采取学生之间进行互评的方式，由学生互评后填写，并结合活动时的观察记录，提出自己的观点或意见，师生合作完成评价。（表 8–3）

表 8–3　昌国小学综合实践活动课程互评表

评价项目	评价内容	互评星级（最高五颗星）
活动表现	对活动内容的探究兴趣、积极参与。	
组织合作	分工明确、善于与人合作。	
活动措施	活动有计划、有措施保障。	
活动能力	1. 有收集、处理信息的能力。 2. 发现、解决问题的能力。 3. 表达交流的能力。 4. 采访调查的能力。	
活动效果	能按时、有效地完成活动任务。	

（3）小组互评。各小组间根据综合实践活动的过程与展示，相互之间进行评价，引导、提高小组成员的团队精神。（表 8–4）

表 8–4　昌国小学综合实践活动课程“团队之星”推荐表

评比标准（最高五颗星）	第一组	第二组	第三组	第四组
1. 实践活动过程深入、途径多样。				
2. 组员团队意识强，分工明确。				
3. 汇报自然大方，表达流畅。				
4. 展示内容丰富全面，有新意。				
最佳小组				
推荐理由				

2. 教师评价

在活动中教师主要任务是给学生提供活动和展示的机会，并在关键时候做引导者和支持者，与学生在活动过程中思考活动的核心价值。（表 8–5、表 8–6）

表 8-5　昌国小学综合实践活动课程实施教师评价表

教师姓名：　　　　任教班级：　　　　评价时间：

项目	内容	具体指标	分值	自评	互评	备注
课程方案评价（40分）	课程开发的意义（10分）	1. 综合实践活动课程是一门特殊的国家课程。开发时，要进行整体规划，将学校特色融入其中。	5			
		2. 综合实践活动课程促进学生的个性发展，提高学生的各方面素质。	5			
	目标定位（15分）	1. 目标明确清晰。	5			
		2. 知识、能力和情感目标齐全。	5			
		3. 贯彻因材施教的原则。	5			
	课程内容（10分）	1. 教材框架清晰，有序列性。	5			
		2. 教材内容科学、启发性强，突出实践能力的培养。	5			
	评价（5分）	评价可操作性强，方法科学，具有激励性和制约性。	5			
课程实施过程评价（60分）	指导思想（10分）	1. 体现教为主导、学为主体、疑为主轴、动（练）为主线的教学原则。	5			
		2. 课程实施中注重德育渗透和情感熏陶，注重学校“四有”培养目标的达成。	5			
	教学过程（30分）	1. 期初制订教学计划、安排好教学进度。	4			
		2. 能深入钻研教材，根据学生的实际设计内容开放、容量适量、层次分明、有针对性的教案。	5			
		3. 能灵活运用多种教学方法进行教学，重点和难点的处理有新意，且效果好。	6			

续表

项目	内容	具体指标	分值	自评	互评	备注
		4. 课堂语言流畅、规范，具有生动性和启发性。思维清晰，有强度，有坡度。	6			
		5. 能面向全体学生，因材施教，学生情绪高涨。课堂无死角、无“闲”人，整体性成效好。	6			
		6. 现代化教育技术运用娴熟，设计内容及呈现手段具有不可替代性。	3			
	实施成果（20 分）	1. 能激发并维持学生对该课程的兴趣，学生评价良好。	6			
		2. 能及时收集、整理学生的过程性资料。	4			
		3. 指导的学生能举行一定范围的展示活动。	5			
总评等级和说明	优秀：90 分以上；良好：80—89 分；合格：60—79 分；不合格：60 分以下。		100			

表 8–6　昌国小学综合实践活动课程教师综合评价表

教师姓名：　　　　任教班级：　　　　评价时间：

项目	内　　容	分值	自评	互评
课程设置	1. 课程目标是否合理、清晰。 2. 内容选择是否具有针对性和综合性（即适合学生认知水平与年龄特征、多学科综合、内容设计有弹性），是否彰显学校或师生个性特色。 3. 教学设计是否符合学生年龄特征和认知规律。 4. 评价方法是否具有激励性与可操作性。	30		
课程实施	1. 教师必须制订《课程纲要》和学期实施计划，撰写课时教学计划。 2. 教师应按学校的课程安排上课，达到规定的课时与教学目标。 3. 教师应保存学生的作品、资料及在活动竞赛中取得的成绩资料。 4. 教导处通过听课、查阅资料、调查访问等形式，对教师进行考核。	50		

续表

项目	内　　容	分值	自评	互评
学生学业成绩评价	1. 综合实践活动课程不采用书面的考试或考查方式，但要做考勤、实践操作等评价记录。 2. 教师根据课程目标进行评价，可按照“优”“良”“一般”评定等级，作为班级、学校“优秀学生”评比条件之一。 3. 学生成果通过实践操作、作品鉴定、竞赛评比、汇报演出等形式展示，成绩优秀者可将其成果记入学生个人成长档案袋。	20		
总评等级和说明	优秀：90 分以上；良好：80—89 分；合格：60—79 分；不合格：60 分以下。	100		

3. 家长评价

实施过程中，除了指导教师进行全程的参与、指导外，还需要家长的配合与支持，因此应当把家长介入评价。由学校或教师提供评价项目、评价标准和具体要求，由家长对学生进行客观性评价。

昌国小学学生家长对综合实践活动课程评价及调查问卷

尊敬的家长：

你好！我校综合实践活动课程在您的参与和支持下已经走过了一个学期，为了解目前我校综合实践活动课程的开展与实施情况，发现综合实践活动课程开发、执教、评价等环节的一些问题，特展开这次调查。希望您能认真如实地填写，谢谢您的合作！

班级：　　　学生姓名：　　　家长姓名：　　　年　　月　　日

评价项目	评价标准			评价结果（请填写 优 / 可 / 差）
	优	可	差	
开发意义	明确	有带动	不明确	
社会效益	实效	有用	无用	
学生变化	行为习惯趋向好	有变化意识	变化小	

续表

评价项目	评价标准			评价结果（请填写 优 / 可 / 差）
	优	可	差	
个性专长	弘扬个性发展专长	得到锻炼	不明显	
认可程度	鼎力支持	认可	反对	

昌国小学在对综合实践活动课程进行评价时，采用的是真实性评价理念。采用这种评价理念，有其理论上的必然性。

真实性评价兴起于20世纪八九十年代，并逐渐成为席卷西方发达国家和地区的评价改革思潮。目前，对真实性评价的内涵存在一定的争议。美国学者格兰特·威金斯（Grant Wiggins）被认为是最早提出“真实性评价”这一术语的人。在他看来，真实性评价是指“我们直接考查学生在一些有价值的认知任务上的表现”。这些任务包括提出和解决数学问题，开展科学实验研究，开展基于文本的历史探究，不断修改和完善文学作品，以及在团队讨论中有效表达、倾听和交流思想等。杨向东认为“真实性评价是通过采用多样化评估方式、创设具有现实意义的真实问题情境，旨在改变过分关注事实性知识再认和回忆的做法，实现对高层次思维能力等有现实价值的学习结果的评价”[1]。

对于真实性评价的应用方法，具体操作步骤大致分为四步。一是确定评价目标：构建“可测量的”“足够宽泛的”“要学生通过做来评价的”学生学习目标和教师教学目标；二是设计真实性任务：设计最能够展示学生已经掌握或者需要掌握的评价目标所规定的内容；三是制订评分规则：即用以评分的准则和规定，是评价者用以评定学生表现的准则；四是评价与反馈：即评价主体多元化，评价方式多样化，教师对评价要给出及时的反馈。[2]

[1] 杨向东:《“真实性评价”之辨》,《全球教育展望》2015年第5期。
[2] 蔡文艺:《科学探究中真实性评价的运用研究》,《教育理论与实践》2012年第11期。

真实性评价理念在教学中通常使用多种具体方法。王少华指出，真实性评价使用表现形式的实例即具体的学习活动，这些活动鼓励学生使用高级思维技能，表现性实例有五种主要类型：表现性评价、简单调查、开放式问题、档案袋、自我评价。[1] 陈霞具体研究了评价过程中评价表的种类与设计，对学习产品、过程和进步的评价以及对学生自我评价的指导和档案袋的建立和管理方法。[2] 韩骏、郝威指出，在课堂当中运用真实性评价应注意以下几点：需要注意评分规则的建立，并公开评分规则；应该提供优秀的范例；在实施的过程中，教师应注重持续不断地进行评价和提供反馈；实施的过程中，注重与传统的课堂评价方式的结合。[3]

在综合借鉴已有研究的基础上，昌国小学基于“真实性评价”的理念，构建出了符合学校实际、体现学校特色的小学综合实践活动课程真实性评价的策略体系。

第三节　评价与考试招生的衔接

对于中学来说，要做好高考改革，提高综合实践活动课程在高考中的占比，要进一步将综合实践活动评价在高考中体现出来。

《国务院办公厅关于新时代推进普通高中育人方式改革的指导意见》中已指出，高中学校要探索综合实践活动课程学分认定的策略，研究制定学生综合实践活动评价标准和学分认定办法。将“综合素质评价”纳入高考，探索基于高考和中学学业水平考试成绩、参考综合素质评价的

[1] 王少华：《真实性评价——国际教育评价发展的新阶段》，《教育实践与研究》2007 年第 11 期。
[2] 陈霞：《在教学中运用真实性评价的理论与方法》，《全球教育展望》2002 年第 4 期。
[3] 韩骏、郝威：《课堂教学中的真实性评价刍议》，《河北广播电视大学学报》2005 年第 4 期。

多元录取格局。

目前，多省将综合素质评价纳入高校招生作为录取参考，评价体系如何建立，成为亟待解决的难题。江苏省启动“江苏省普通高中学生综合素质评价电子化管理平台”的应用，全面实施普通高中学生综合素质评价工作。学生综合素质评价的电子档案，将作为高校招生录取的重要参考。

作为高校招生录取参考的综合素质评价内容，主要包括思想品德、学业水平、身心健康、艺术素养、社会实践、自我认识与生涯规划六个方面内容。

思想品德：主要考查学生在爱党爱国、理想信念、诚实守信、仁爱友善、责任义务、安全防范等方面的认知与表现。

学业水平：主要考查学生各门课程基础知识、基本技能掌握情况以及运用知识解决问题的能力等。

身心健康：主要考查学生的健康生活方式、体育锻炼习惯、身体机能、运动技能和心理素质等。

艺术素养：主要考查学生对艺术的审美感受、理解、鉴赏和表现的能力。

社会实践：主要考查学生的创新素养和在社会生活中动手操作、劳动技能、体验经历等情况。

自我认识与生涯规划：主要考查学生加强自我认知、树立专业志向、学会选择课程、实现主动发展等情况。

一、高考要服务于人的全面发展

全面提高学生综合素质是教育的基本内涵和要求。我国于20世纪末提出了全面推进和落实素质教育的目标，把学生素质的培养提高到国家繁荣昌盛和民族复兴的高度加以重视。但多年来，如何在高考中突出素质教育的导向，却一直缺乏有效的落实手段。

教育部在《2019年普通高校招生工作的通知》中专门指出，必须

“推进高中综合素质档案使用”。让高考服务于人的全面发展，这是几十年来高考改革最深刻的内涵。新高考在以考试成绩为依据的基础上，要求把综合素质评价结果作为录取的重要参考，一举突破了仅仅对学业因素进行评价录取的历史。这是人才选拔理念的变革，其首要目的就是为了学生的全面发展。

二、高考改革，综合素质评价体系建立是关键

有人认为综合素质评价有很大的主观性，很难做到客观的测评；也有人认为综合素质评价并不合理，测评过程在某些环节难以透明和公开；还有很多教师对综合素质评价的深层意义认识不足，评价操作不到位。

综合素质评价也是为了扭转唯分数、唯考试等弊端而推出的一项带有引导性的改革举措。尽管其在运行中遇到了不少深层次的矛盾和问题，但高考还是要以积极的态度推动评价结果的使用。未来多元评价体系的建立，必然将综合素质评价作为重要的组成部分，是高考改革走向成熟的基础性标志。而如何建立这一体系，作为综合实践活动实施主体的教师任重而道远。

三、高考改革中的综合素质评价，公正性是根本问题

可将区块链技术，应用于综合素质评价管理。区块链本质上是一套全新的数据存储的方式，学情数据、学生的成长档案等和学习历史相关的数据都能被存储记录。借助区块链的匿名性、隐私性，打通目前的数据孤岛，让学生、学校、招生机构等共享数据，从而优化数据供给端。

中国教育最大的问题可能是所有孩子的前途主要看一次性的高考。而区块链技术的特点是数据不可篡改，孩子的学习轨迹可以被记录下来，再通过 AI 分析出报告，就能改变一次高考成绩决定孩子未来的现状。这个设想的背后是对人才的重新定义，即升学、就业的人才评定将不仅仅依靠一次高考，不再只看一纸证书，人的各方面才能都能成为评定依据。

第三编　评价的应用与课程的管理

第九章

课程管理思路

课程管理是课程运行的保障。学校如何将综合实践活动课程与学科课程进行有机融合，从而让多种类型的课程构成学生发展的经验连续体？学校如何统筹安排课时，既保证综合实践活动课程的必要课时，又能根据综合实践活动课程自身开展的需求，尝试弹性课时制？如何有效发挥教师在综合实践活动开展中的指导作用？为了促进综合实践活动课程的顺利开展，学校需要制定哪些配套制度？在解决这些问题时，学校都应秉持“管理即服务”的理念，以服务于综合实践活动课程的高质量开展。

第一节 融合两类课程

当前，在我国中小学主要有两大类课程，一类是在学校课程体系中占主导地位的学科课程，另一类是综合实践活动课程。

“学科课程是基于学科的逻辑体系而开发的，掌握必要的体现于学科中的间接经验是学科课程的直接目的。”[1] 钟启泉教授提出，新的课程改革关注课程的整体设计，旨在确立双重课程——由学科课程与综合实践活动课程构成的学校课程。[2] 学科课程和综合实践活动课程本身就不是对立的，将学科课程定义为简单的系统知识的学习或者将综合实践活动课程定义为生活体验都是片面的。综合实践活动课程和学科课程本身就是密不可分的，在综合实践活动课程实施的各阶段中，经验与知识是同时存在的。综合实践活动课程是以生活为内容，学习知识与经验都可以在综合实践活动课程中得到实现。

一、学校课程体系的顶层设计

融合与汇通学校的现有课程体系（学科课程和综合实践活动课程），使之成为一体化的学校课程，是学校课程体系顶层设计的核心任务与追求。

学科课程在学校课程体系中已经拥有了较长的历史，作为学校课程的重要组成部分，我们不能忽视学科课程在其中所占据的重要地位，也不能因为综合实践活动的实施而忽视了发展学科课程。就目前我国教育情况而言，学科课程对于教育发展的促进是不容忽视的，学科课程依旧

[1] 张华:《论“研究性学习”课程的本质》,《教育发展研究》2001 年第 5 期。
[2] 钟启泉:《综合实践活动课程的设计与实施》,《教育发展研究》2007 年第 3 期。

是学校课程体系的核心，但随着教育改革的深化，传统的学科课程也因为诸多因素发生着转变。同时，综合实践活动课程是面向基础教育阶段提出的，是针对基础教育课程改革的，这意味着在学校课程之中，学科课程需要与综合实践活动课程和谐共生，才能真正促进基础教育改革，构建促进每个学生发展、适应我国国情和时代发展的基础教育课程体系。综合实践活动课程需要经历较长时间的发展，不断适应基础教育改革的需要，主要表现在综合实践活动课程是面向学生经验和生活回归的课程，同时综合实践活动课程在实施过程中追求课程的综合化。

尽管综合实践活动在教育中有诸多优势，但学科课程依旧不容忽视，所以学校要注意学校课程体系的顶层设计，把握好综合实践活动课程与学校现有课程体系的发展方向。面对原有的课程体系，综合实践活动在这个过程中不是取而代之，而应该是与现有的学校课程体系融会贯通，把握好综合实践活动课程的基本特点，才能更好地将综合实践活动课程与学校现有的课程体系相融合。

（一）正确认识学校课程体系中的知识

学校课程体系的顶层设计也是对于学校知识的再认识。钟启泉教授在《综合实践活动课程的设计与实施》一文中提到，作为教学内容的“学校知识”，总是包含了明示知识与默会知识，或者说理论知识和体验知识。换言之，双重知识要实现学术知识与生活体验的统整。学科课程仅仅关注学术知识，而综合实践活动仅仅关注生活体验的观点，都是一种偏差。因为离开了“经验”的“知识”不过是单纯的“信息”。对于学校课程而言，综合实践活动课程的实施过程也是关注课程整体设计的过程。综合实践活动课程从之前的“第二课堂”到“活动课程”，与学科课程不断交相呼应，相互促进。学校在构建综合实践活动课程体系的时候，应该要正视这种课程知识，为综合实践活动课程的实施提供“土壤”。学校正确认识课程体系中的知识对于综合实践活动课程融合于现行的学校课程体系具有“基石”的作用。同时对于综合实践活动课程而言，想要实现综合实践活动课程的长效，就需要对其中的知识有正确的认识。

有一部分人认为综合实践活动课程中的知识与学科课程有很大的区分，也有人将学科课程与综合实践活动课程用“提供知识”和“培养技能”进行简单的划分。综合实践活动课程不是简单的生活经验的积累，如果认为综合实践活动课程只是简单的培养生活经验，那么就没有深层次地理解真正意义上的综合实践活动课程。《指导纲要》提出“课程目标以培养学生综合素质为导向”，综合实践活动课程所强调的不仅是关于实践技能的培养，如果把综合实践活动课程作为独立于学校课程体系的部分运行，便忽视了其实质的目的。综合实践活动课程中的知识是涵盖了各个学科的，不仅有系统的知识，也有关于如何认识、分析和解决问题的知识。对于综合实践活动课程而言，学校现行的课程体系为它的实施提供了基础，原有的学科知识为学生在综合实践活动课程中综合素质的提升提供了保障。同时，学习不仅是系统知识的理解，也是社会责任感、创新精神和实践能力的提升过程。

学生的综合素质应该从多方面进行提升。综合实践活动课程与学科课程在学校课程体系中有很多的交集，只有将综合实践活动课程的知识与原有的学科课程知识结构相互融合，才能形成适应于地区、学校的新的课程体系。

（二）为综合实践活动课程设立不偏废的目标

综合实践活动课程的实施和编排不是一节课，也不是一天、一周可以完成的，是一个较为长时间的过程，因此对于综合实践活动课程而言，设立的目标不可偏废。如果只是注重某一方面的知识和技能的达成，对于综合实践活动课程而言，可能会在短时间内有明显的变化。但是对于整个基础教育改革而言，如果想要有长效的作用，就需要一个较为漫长的过程。这不是一蹴而就的，需要对学校课程体系和综合实践活动有整体的规划，应该关注于学科间的统整，打破学科课程目前存在的分科的现状，各个学科和综合实践活动课程应该呈现非单一目标的交叉等。综合实践活动课程的实施目标不仅仅是将这部分的内容与原本的学校课程体系相融合，也不仅仅只从综合实践活动课程的角度出发，而是应该站在整个学校课程的高度去综合考量。

（三）以综合实践活动为主线，整合学校教育资源

综合实践活动课程的实施，旨在让学生在活动中进行知识的学习和经验的习得。学校通过综合实践活动课程的实施，贯彻学校的教育教学理念，通过不同形式综合实践活动课程的开展，整合学校的资源，从而有效地利用学生的实践经验所得，减轻学生的负担。经过这样的课程资源整合，丰富了综合实践活动的内容，使其有更多的资源可以利用，也为课程的开展提供了较为广阔的资源天地。通过综合实践活动课程的开展，达到对学校整个资源进行统合，让综合实践活动课程融入学生的生活之中。同时，原本的课程体系是学生生活不可割裂的一部分，因此对于综合实践活动课程而言，融入现有学校课程体系，也有助于综合实践活动课程循序渐进地贴近学生的实际生活，激发学生参加活动的积极性，使综合实践活动真正做到常态化，体现其独特价值。

综合实践活动课程特别强调综合，所以需要课程实施者有这样的课程意识。在义乌市某小学，我们进行综合实践活动课程实施的初探。在该学校的综合实践活动课程的实施过程中，先采用了分科的形式进行，组织各学科的教师对这些学科知识进行学习，再围绕一个主题对分学科的实践活动课程进行整合、重组和提升。在这个过程中，虽然有学科的界限，但是对于学生而言，是在逐步感受综合的过程。作为学校而言，在分年级、分学科地把综合实践活动中涉及的各个知识点罗列出来后，开始组织教师们进行有关文化的探究，在已开展的学科实践活动课程的基础上进行学科融合的综合实践活动课程开发。这是一个漫长的探索过程，学校和教师在这个过程中都发生着观念的改变，使现有的课程体系和综合实践活动课程也在进行着不断的融合。

当然，综合实践活动课程作为一门集中体现三级课程管理的课程，从国家规定、地方管理到校本开发，走向常态化、校本化的实施是远远不够的，学校还需要创造、满足综合实践活动课程实施的管理条件与环境。因此，学校在这个过程中除了对于目标不可放弃，也要注意从师资配备、组织保障和制度建设等方面着手，加强综合实践活动课程实施全过程的管理，使综合实践活动课程以其独特的形式和风格贯穿于课程实施计划、课程组织管理、课程计划管理、课时管理、课程师资管理、课程制度管理等诸多方面。这些内容涵盖了原有的学校课程体系，学校在进行综合实践活动课程的实施时，需要将其纳入学校一学期、一学年，甚至更长期的建设之中。

二、两类课程实施方案的配套与衔接

为了实现课程目标的统一性，以及阶段内的针对性，对于综合实践活动课程的实施，我们需要制订两套方案，即综合实践活动课程的总体实施方案和学年（学期）活动计划与实施方案。

这两套方案不仅制订了学校的学年方案和发展方向，也为其在综合实践活动课程方面的发展提供了保障和支持。对于学校而言，这两套方案的制订从现有课程体系出发，基于现有课程体系，教师可以根据不同的情况进行相应的调整；对于学生而言，在接受了较长时间的学科知识的学习，或者说系统知识的学习，他们的观念转变需要时间。现有的评价体系使综合实践活动课程只是其评价体系中的一部分，而对于学科知识的掌握还是具有举足轻重的地位，因为学生不仅仅需要综合实践活动提供滋养，也需要学科课程为他们提供支持。

（一）综合实践活动课程的总体实施方案

综合实践活动课程强调学生综合运用各学科知识，认识、分析和解决现实问题，提升综合素质，着力发展核心素养，特别是社会责任感、创新精神和实践能力，以适应快速变化的社会生活、职业世界和个人自主发展的需要，迎接信息时代和知识社会的挑战。为此，学校在制订综合实践活动课程的总体实施方案时要注意以下几个方面。

首先，需要设计综合实践活动课程开发的总体思路。按照国家课程的要求和学校的文化背景与当地特色，开展综合实践活动课程开发的总体思路的设计，按照课程开发的基本原则和要求，基于学校或者是地区的课程资源现状和文化背景，设计开发综合实践活动课程。例如，从学科探究到主题研究，从单项探究到全面贯通探究的思路，以螺旋上升的方式，不断提升探究水平，从该资源的一个点或者该课程资源的一个点出发，进而达到面的触及，最后通过面的实施，达到一个立体化综合实践活动课程的呈现，全面提升课程资源和内容，挖掘该地区的地方资源和文化潜能与价值，培养学生的探究能力及综合素质。

其次，呈现综合实践活动课程总体实施中的不同阶段。划分不同的阶段后，按照各个阶段的特点进行梳理，了解和细化各阶段的目标、课程资源、内容及组织形式，根据不同的阶段制订和选取相应的评价方式。这就需要课程开发者对于该活动有一个整体的思路设计和顶层构想。但是这个阶段设计也不是一成不变的，是可以根据不同的情境加以修正的。在不同的阶段根据学生的年龄特点和综合实践活动所具有的生成性，进行不断的调试，同时根据分科课程的学习情况，可以适当地对综合实践活动课程的实施计划进行有依据的调整。这个过程对于教师而言，十分考验其专业能力及课程开发和组织实施的能力。分阶段呈现总体的实施思路，便于学校对综合实践活动课程的实施过程有阶段性的把握。

再次，需要设计在综合实践活动课程探究过程中的主要问题和探究策略。综合实践活动课程是以解决问题为导向的课程，在这个过程中，发现问题成为综合实践活动课程的重中之重。对于综合实践活动课程而言，应该针对不同的活动领域或者不同的活动类型设计问题，并且根据这些问题和内容，教师提供相应的指导策略。教师可以根据这些问题和内容，选择适宜的操作策略推进综合实践活动课程的实施。对于学校而言，学校需要，为教师提供恰当的资源和内容，教师则通过这些内容和组织形式进行自主开发，学校再根据教师的自主开发，采取合适的方式了解学生在综合实践活动课程中的发展情况。对于地方教育部门而言，这种以问题为导向的综合实践活动课程实施形式，便于课改成果的呈现与考评。这种考评不再是划定某一分数线，而是通过对于一个活动或者一系列活动进行考核呈现的。教育评价不再仅仅只是量化的表格和表现在试卷上的成绩，而是根据活动、生活而进行的综合评判。

教师在活动实施过程中要把握以下几点：一是在综合实践活动课程中的任务是引导和帮助学生完成活动，所以应秉持协助指导原则，不能代替学生的活动；二是各个学科层面有不同的学习任务，但基本任务主要有三种类型——搜集与整理资料、探究与解决问题、表达与创造，教师应根据不同学科的内容和任务类型引导帮助学生完成任务；三是在探究过程中提示学生做好问题记录等工作，为第二阶段的跨学科深层研究做好准备。教师根据以上所提到的内容来促进综合实践活动课程的建设。

因此，我们建议学校制订综合实践活动课程的实施计划或者方案，对于综合实践活动课程的实施作出整体规划和安排。

义乌枣文化综合实践活动课程开发
顶层设计与操作策略

一、课程开发的总体思路

按照综合实践活动课程开发的基本原则与要求，基于我校“美好少年”的育人目标和枣文化课程资源的现状，本综合实践活动课程的开发拟按照“从学科到主题、从单项探究到全面融通、从线性递进到螺旋上升”的思路进行，并实现由枣这个“点”到万物这个“面”的全面升级，挖掘枣文化地方资源的价值，培养学生的探究能力以及综合素质。

二、课程开发的三大阶段

基于总体思路，课程开发拟分为三大阶段，即枣文化的“学科性”（单学科）探究、枣文化的“主题性”（跨学科）探究、由枣文化到世间万物文化的“万物启蒙”探究。

枣文化的“学科性”探究，主要是要求学生从单个学科的视角来挖掘和探索枣文化，深化学生对枣文化的多方面认识。根据枣的文化特性，初步打算从文史（文学、历史）、科学（物理、化学、生物学）、艺术（美术、音乐）、经济学（数学）、医学（营养学）五大类学科视角进行探索。

枣文化的“主题性”探究，主要是基于学生的学科性探究，从中衍生出的具有深度探究价值的少数问题，从多个学科视角进行深度研究。它既是学科性探究的进一步深化，又是对学科性一维视野的超越，更能体现综合实践活动课程的实践性、开放性和综合性的特质。

由枣文化到“万物启蒙”探究，主要是为了将学生在枣文化主题研究中所获得的问题意识与探究能力，迁移到对日常生活中对象的研究，超越枣文化这一对象而对天地万物都具有敏感意识、发现能力以及探究能力，从而培养学生对自然、社会、自我的文化自觉意识和实践关怀能力。这是综合实践活动课程的最高目的，也是学校教育的最终追求。

1. 枣文化的“学科性”探究的主要问题与操作策略

为了具体说明第一阶段“学科性”探究的主要内容，特列表将具体内容罗列如下。

表 9–1　枣文化“学科性”探究的主要问题与操作策略

学科类别	探究的问题与内容	操作策略
文史（文学、历史）	1. 搜集与编排关于枣的成语、诗词、民谣、民谚、传说、典故以及民俗文化，探索有关枣的历史人物与事件，了解枣果的价值，习得枣树所蕴含的精神、枣的寓意和象征。 2. 分析比较不同地区枣的文化习俗，进而认识义乌枣的历史与文化内涵的独特性，体会地域文化之间的差异。 3. 探索义乌枣文化的起源及发展，体会枣在义乌历史发展中的地位。 4. “枣”字的字体变化与发展，了解其内涵及演变的意蕴。	1. 按照主题布置任务，让学生课余查阅相关的文献资料，并整理成文章、制作手抄报进行汇报或展示。教师协助学生，做好文献资料的分类、比较、整理与汇编，学会资料搜集与整理以及文献比较研究的技能。 2. 开展诸如“义务枣乡起源”的宣传会，“枣乡大搜索”亲子活动，“枣文化”的诗歌、作文、绘画、主题演讲活动，等等，让学生较为深入地理解“义乌枣文化”。 3. 基于所得文献资料，挖掘与提炼关于枣或枣树的精神与文化内核，并将这种文化逐渐与学校文化相融合。 4. 将“枣”字的不同书写形式，作为校园文化的一道景观，成为学校隐性课程的重要内容。
科学（物理、化学、生物学）	1. 枣有哪些种类？我们见过哪些种类？义乌枣属于哪一类？初步了解义乌枣及不同品种。 2. 为什么义乌地区适合种枣，而有些地区则不适合？了解义乌产枣的区域分布。 3. 枣树该如何栽培与种植？怎么能够让枣树长得更好，结果更多？认识枣树生长特点，探究枣树特点、生长习性及规律与环境的关系等。 4. 了解枣树的嫁接、繁殖与管理等的知识与技术。 5. 干枣和蜜枣，分别是怎么加工制作的？探索干枣和蜜枣的加工技艺。	1. 布置探究性任务，让学生搜集关于枣树的种植环境、种植区域等方面的基本知识。 2. 开展探究性学习，让学生研究为何枣树适合在这些地方生长。 3. 让学生了解当前干枣和蜜枣的加工程序和加工机器，分析加工过程的物理化学原理，以及机器的工作原理。 4. 在不同章节渗透关于枣的知识的学习，比如食品章节渗透关于枣作为食品的知识，植物章节渗透关于枣的分类、枣树的种植等。 5. 参观枣茂园，科学观察与记录，访谈技术人员等，实地参观枣生产加工基地。

续表

学科类别	探究的问题与内容	操作策略
艺术（美术、音乐）	1. 枣的礼品包装形式有哪些？从艺术的角度来评价这些包装。 2. 以枣、枣树和枣林作为美术课的创作对象。 3. 寻找并唱诵有关枣的歌曲。 4. 从诗文绘画和舞蹈中品味枣。	1. 引导学生搜集古今中外关于枣、枣树的艺术作品，如音乐、绘画等。 2. 可引导学生以枣、枣树和枣林为题材进行创作，包括绘画、剪纸等形式。 3. 引导学生搜集目前枣食品的包装与设计，从美学的角度进行批判性分析，并指导学生进行自己的设计。
经济学（数学）	1. 一颗枣、一棵枣树、一百平方米枣林的经济价值分别是多少？ 2. 枣可以做成哪些产品，它们最后都流通到了哪里？ 3. 枣产品的价格由什么来决定？	1. 引导学生自主探究历史上关于枣的商业活动情况，以及目前关于枣的贸易知识。 2. 在实践课程中，引导学生探究有关枣的产品，其价格的决定机制，通过该机制了解经济学中需求与价格的基本规律。
医学（营养学）	1. 用枣制作的食品有哪些？它们通常有哪些营养价值和药用价值？探索枣果的营养价值和药用价值。 2. 日常药品中哪些含有枣的配方？它主要起什么作用？ 3. 枣当作礼品时，通常送给哪些特定的人群？为什么？	1. 让学生通过多种渠道，借助各种资源了解当前用枣制成的中药制剂有哪些，它们的作用原理与枣的营养成分之间的关系。 2. 在卫生保健课上，让学生了解枣与人的保健之间的关系，认识枣的营养学价值。

2. 枣文化的“主题性”探究的主要问题与操作策略

表 9–2　枣文化“主题性”探究的主要问题与操作策略

主题类别	探究的问题与内容	操作策略
(静态)枣的文化意象——考察探究	文学、美术、历史方面的知识 1. 搜集与编排关于枣的成语、诗词、民谣、民谚、传说、典故以及民俗文化，探索有关枣的历史人物与事件，了解枣果的价值，习得枣树所蕴含的精神、枣的寓意和象征。 2. 分析比较不同地区枣的文化习俗，进而认识义乌枣的历史与文化内涵的独特性，体会地域文化之间的差异。 3. 探索义乌枣文化的起源及发展，体会枣在义乌历史发展中的地位。 4. 枣有哪些种类？我们见过哪些种类？义乌枣属于哪一类？初步了解义乌枣及不同品种。 5. “枣”字的字体变化与发展，了解其内涵及演变的意蕴。 如：知枣、枣食名片、枣的习俗等。	1. 按照主题布置任务，让学生课余查阅相关的文献资料，并整理成文章、制作手抄报进行汇报或展示。教师协助学生做好文献资料的分类、比较、整理与汇编，学会资料搜集与整理以及文献比较研究的技能。 2. 开展诸如“义乌枣乡起源”的宣传会，“枣乡大搜索”亲子活动，“枣文化”的诗歌、作文、绘画、主题演讲活动，等等，让学生较为深入地理解“义乌枣文化”。 3. 基于所得文献资料，挖掘与提炼关于枣或枣树的精神与文化内核，并将这种文化逐渐与学校文化相融合。 4. 将“枣”字的不同书写形式，作为校园文化的一道景观，成为学校隐性课程的重要内容。
(动态)枣的艺术礼赞——设计制作	艺术(美术、音乐) 1. 枣的礼品包装形式有哪些？从艺术的角度来评价这些包装。 2. 以枣、枣树和枣林作为美术课的创作对象。 3. 寻找并唱诵有关枣的歌曲。 4. 从诗文绘画和舞蹈中品味枣。 如：枣画、剪纸、戏剧、音乐、诗词民俗等。	1. 引导学生搜集古今中外关于枣、枣树的艺术作品，包括音乐、绘画等。 2. 可引导学生以枣、枣树和枣林为题材进行创作，包括绘画、剪纸等形式。 3. 引导学生搜集目前枣食品的包装与设计，从美学的角度进行批判性分析，并指导学生进行自己的设计。

续表

主题类别	探究的问题与内容	操作策略
枣树嫁接技术——考察探究	科学（物理、化学、生物学） 1. 为什么义乌地区适合种枣，而有些地区则不适合？了解义乌产枣的区域分布。 2. 枣树该如何栽培与种植？怎么能够让枣树长得更好，结果更多？认识枣及生长特点，探究枣树特点、生长习性及规律、与环境的关系等。 3. 了解枣树的嫁接、繁殖与管理等的知识与技术。 如：嫁接理论、嫁接图解、嫁接实践。	1. 布置探究性任务，让学生搜集关于枣树的种植环境、种植区域等方面的基本知识。 2. 开展探究性学习，让学生研究为何枣树适合在这些地方生长。 3. 在不同章节渗透关于枣的知识的学习，比如食品章节渗透关于枣作为食品的知识，植物章节渗透关于枣的分类、枣树的种植等。 4. 参观枣茂园，科学观察与记录，访谈技术人员等，实地参观枣生产加工基地。 5. 让学生了解当前干枣和蜜枣的加工程序和加工机器，分析加工过程的物理化学原理，以及机器的工作原理。
枣的美食工坊——考察探究、职业体验、社会服务	经济学、数学、美学等 1. 一颗枣、一棵枣树、一百平方米枣林的经济价值分别是多少？ 2. 枣可以做成哪些产品，它们最后都流通到了哪里？ 3. 枣产品的价格由什么来决定？ 4. 干枣和蜜枣分别是怎样加工制作的？探索干枣和蜜枣的加工技艺。 ——蜜枣价值：经济价值、营养价值 ——蜜枣制作：加工过程（观察、挑拣鲜枣—青枣划丝—洗枣—煮枣 / 熬枣—晒枣 / 烘干）、加工技术研究、手工制作与工业制作上的区别 ——蜜枣美学：蜜枣结构 ——蜜枣工具：工具（划丝机）更新与演进、工具的作用原理 ——蜜枣故事：故事传说、走进枣博园 ——包装设计：设计包装盒	1. 引导学生自主探究历史上关于枣的商业活动情况，以及目前关于枣的贸易知识。 2. 在实践课程中，引导学生探究有关枣的产品，其价格的决定机制，通过该机制了解经济学中需求与价格的基本规律。

续表

主题类别	探究的问题与内容	操作策略
枣的保健价值——考察探究、职业体验、社会服务	医学（营养学） 1. 用枣制作的食品有哪些？它们通常有哪些营养价值和药用价值？探索枣果的营养价值和药用价值 2. 日常药品中哪些含有枣的配方？它主要起什么作用？ 3. 枣当作礼品时通常送给哪些特定的人群？为什么？	1. 让学生通过多种渠道，借助各种资源了解当前用枣制成的中药制剂有哪些，它们的作用原理与枣的营养成分之间的关系。 2. 在卫生保健课上，让学生了解枣与人的保健之间的关系，认识枣的营养学价值。

综合实践活动课程需要加强领导、健全组织、形成管理网络，学校建立有关课程组织机构是综合实践活动课程建设与发展的保障和基础。学校现有的各个部门需要各司其职，用对待国家课程的应有态度来对待综合实践活动课程，制订相应的实施计划，形成层级分明的课程管理，明确每个阶段的目标，根据某一个资源点对课程进行思维发散和多角度探讨，进而才能对综合实践活动课程有一个总体的把握。

（二）学年（学期）活动计划与实施方案

对于学年（学期）的活动计划与实施方案有很多的案例，大部分学校都有自己的学年（学期）活动计划与实施方案。我们在了解过程中发现，综合实践活动课程的活动计划与实施方案不再仅仅是由教师或者学科专家制订，部分学校也让学生参与其中，这对于综合实践活动课程的推进和理念的转变，起到了很大的促进作用。

我们就综合实践活动课程的四种活动类型的实施方案或开展过程的理想型而言，在实践过程中初步总结如下：

表 9–3　活动设计要素清单

原则：不拘泥于所列要点，而应举一反三，灵活选用组合	
侧重“考察探究”的学程编写关键要素	
关键要素（选用组合）	操作要点解读与编写设计
进入情境提出问题，填写《课题选题记录单》	选题开始前，教师可以给学生研究范例，并总结、介绍选题的一般方法和选题标准（学生熟悉后可略去）。一个好课题的标准可以概括为四点：①感兴趣；②贴近生活，有意义；③视角独特，有创意；④选材小，可操作。教师可将学生的问题按“是什么？”“为什么？”“怎么做？”三方面归类，对于回答“是什么？”这一层次的问题，解决比较容易。而对于回答“为什么？”“怎么做？”这一层次的问题，研究起来比较复杂，一般都可作为候选主题。 通过文字、图片等介绍相关的新闻、时事或利用当地课程资源，创设问题情境，启发学生从身边的生活去思考可以选题的范围，指导学生根据标准选题。 填写《课题选题记录单》。
讨论得出候选题目	教师教会学生分析问题，确定哪些问题可以转化为综合实践活动课程的主题。 现场选题，共同讨论得出候选题目。
填写《课题立项答辩问题单》	按《课题立项答辩问题单》自问自答，再次整理现有资料，论证课题的可行性。
论证答辩，依据标准评出立项课题	学生通过答辩，确定值得研究的课题。学生通过整理资料、答辩，明确研究任务。
确定子课题，填写《课题分解记录单》	围绕研究课题进行多向度分解，形成子课题，再按每个人的兴趣形成小的研究组。 分解一个课题常用的四种方法：①从学生熟悉的领域和感兴趣的方面入手，由学生自己提出小的研究方向和不同角度；②引导学生向人与自然、人与社会、人与自我三个向度拓展，分解主题；③引导学生向所学课程拓展，分解主题；④根据对同一问题的不同假设分组（常用于实验法研究中）。这四种方法仅供参考，教师在具体操作中灵活运用，自主总结一些适用的方法教给学生，尽力实现四种活动方式在指定领域与非指定领域、多学科知识的整合应用和学生智慧的整合。 填写《课题分解记录单》。
按兴趣分组，填写《任务分工表》	学生根据自己感兴趣的课题自然分组，明确每个研究小组的目标和内容。 填写《任务分工表》。

续表

关键要素（选用组合）	操作要点解读与编写设计
制订、完善计划，填写《课题研究计划表》	讲解《课题研究计划表》中的每一个项目，让学生明白其中的要领与填写方法，从表中受到一些启发。 填写《课题研究计划表》。
运用研究工具，分工合作搜集资料	从常用的8种方法（问卷调查法、文献法、访谈法、观察法、实验法、行动研究法、产品设计法、体验式学习法）中选择适合本课题研究的一种或几种方法。 做好搜集资料的各种工具准备，特别是关于声音、视频、图像、文字资料搜集的工具。 实践资料搜集的方式，这是关键。原则上采取文献与实地相结合的方法，特别强调到现场去，到真实的生活中去，进入到社会生活中去，反对仅“在网上做研究”。可以利用家长和社会资源，以及双休日和节假日期间，在小组长或家长的带领下，深入观察社会与自然，开阔视野，丰富见识，增强社会责任感。
将资料整理成册并突出美化	可以先搜集资料，再慢慢整理；也可以边搜集资料，边形成成果展示材料。 整理运用各种方法所获得的资料，及时填写资料信息卡，如《课题研究小组合作访问卡》《课题研究观察记录卡》《实验观察卡》等。 根据形式不同，可将资料分为文字类、表格类、图片类、照片类、日记体会类、绘画类、作品类、光盘类等类型。按时间先后分类排列整理，剔除与本研究关系不大或毫无价值的部分。学会裁剪、粘贴、整理装订成册，并给图片配上简要说明，进行美化，放入档案袋中。
概括文本要点，统计分析数据	让学生学会概括文本要点的方法和数据统计分析的方法。
形成研究结论，进行创意表达	了解研究报告基本上由五大部分构成：研究目的与背景说明、研究的方法与步骤、研究的过程与结果、应用和建议、研究的反思与体会。 教会学生各部分写作方法，以及注意事项。学生落实写作任务。
展示作品，比较各组结论，开展自我评价，填写《课题研究学生收获与感想》	了解成果展示的一般流程，思考、设计完整的成果展示方案；学会设计、制作PPT演示文稿，并积极做好演示准备。 经历成果演示和答辩的一般流程，在具体情境中学会答辩的方法和技巧。 学会三种反思：①对活动过程本身的回顾性反思；②活动与类似经验联系的整合性反思；③对活动的前瞻性反思——如何应用所学？ 填写《课题研究学生收获与感想》。

续表

侧重“社会服务”的学程编写关键要素	
关键要素（选用组合）	操作要点解读与编写设计
确定服务的对象	服务对象的选择有三大范畴：①人、机构或组织；②动物、植物、环境；③学校、社区、国家和国际社会。
深入研究服务对象的真实需要	服务对象的真实需要是保证高质量服务的前提，首先要做好调查工作，了解服务对象的真实性需求。一条重要的途径是调查所在社区和周边社区的需要，也可围绕推荐主题选择，但都要确保对象需求的真实性。
制订服务活动计划	基于前期调查研究和协商讨论，通盘考虑前后、内外各种因素，制订切实可行的服务活动计划。
交流、完善本组计划	在小组间交流和教师指导下，完善本组计划。计划要素完整，包括服务对象及其需要、活动目标、活动内容、需要运用的资源和前期准备、活动时间和地点安排、反思方式、展示和交流等内容。最后，通过填写《社会服务计划表》（分年段），在组员之间确认该计划。
行动前的准备	准备除了指物质资源等方面的准备外，更重要的是做好行动前的培训工作，包括三方面内容：①相关的知识、技能；②使用工具等；③安全等活动过程注意事项。
做好行动记录	记载和留住一段过程，和他人分享行动过程中所发生的故事；推动学生进行思维整理和反思，保证行动的连续性和合理性。
以作品形式体现服务活动的过程与成果	将服务活动过程剪辑成视频或制作成简报，引起更多人对服务对象的关注和支持。
分享服务活动成果	分享的形式多种多样。在学校编辑制作一份报纸，在校园开辟展示专栏，鼓励学生通过文章、图片、艺术作品、视频、幻灯片和表演等形式，进行展示和分享。
侧重“设计制作”的学程编写关键要素	
关键要素（选用组合）	操作要点解读与编写设计
定义问题	明确设计对象，对象能激发学生的持久兴趣，避免琐碎的活动、暂时的娱乐，让活动本身具有内在发展价值。厘清与问题相关的学科知识，并考虑设计的约束条件，如可用材料的限制。

续表

关键要素（选用组合）	操作要点解读与编写设计
表达设计理念	集体讨论，运用理性和直觉思维，头脑风暴出大量的独创性设计理念和解决方案，并用思维导图表达出来。然后，从不同的解决方案中挑选出具有教育价值和实用效能的一个设计理念、一套解决方案。
基于判断选择活动材料或工具	材料的判断是指能够根据解决问题的需要、现实条件及材料本身的属性特征来选择恰当的材料，发展学生的材料认知技能。能力的判断是指学习者可以观察并判断自身能力的限制。为发展学生这两方面的能力，在选择过程中，需要为学习者提供独立判断与选择的机会，哪怕是不恰当的甚至是错误的选择，也可以是很好的反思性学习的契机。
现场工作，创意物化为人工制品	现场工作，通过多种程序创意物化为人工制品。
交流设计制作，展示实践成果，解释工作原理	在此过程中需要注意：①鼓励以多元方式进行交流、展示；②鼓励相互欣赏、相互关心，不断践行积极的倾听与对话，避免消极地批评与指责。
侧重“职业体验”的学程编写关键要素	
关键要素（选用组合）	操作要点解读与编写设计
选择或设计职业体验的情境	体验的情境分为两大类。一类是根据职业情境的真实性程度，划分为真实情境和模拟情境。对于真实情境主要在于选择，对于模拟情境更多在于设计。真实情境即生活中各种真实的职业场所，体验通常采用参观、见习、实习、师徒制等形式。模拟情境即设定的环境，是一种简化的环境，但具有真实情境中最基本、最具代表性的要素。另一类是根据主体是否直接置身于职业情境，划分为直接体验和间接体验。真实情境和模拟情境中的体验都属于直接体验。利用诸如访谈、讲座、经验交流等形式，可以使学生获得相关的间接体验。
学生在具体情境中进行体验	学生在具体情境中进行体验。
学生及时记录在体验过程中的感受、想法	学生及时记录在体验过程中的感受、想法。
学生对记录的资料进行回顾、体悟、分析与总结	学生对记录的资料进行回顾、体悟、分析与总结。

续表

关键要素（选用组合）	操作要点解读与编写设计
学生撰写出《职业体验报告》	学生撰写《职业体验报告》。
学生之间相互交流职业体验的感受	学生之间相互交流职业体验的感受。
概括提炼经验，行动应用	概括提炼经验，行动应用。
反思改进，填写《课题研究评价表》	反思与改进过程发展学生反省思维能力。 反思具有双重功能：①使行动及其结果更趋完善；②在行动中反思，成为反思性实践者；③进行自我评价与同伴评价。 填写《课题研究评价表》。

依据这个关键要素的编写清单，便可制订和开发相应类型的综合实践活动课程的方案和案例。

第二节　保证实施条件

综合实践活动课程的顺利实施离不开各方面的支持，国家的政策保障和地方政府的配合，以及学校、教师、家长等都是综合实践活动课程顺利实施的保障。本节就学校、教师等可以在综合实践活动课程中发挥能力的地方进行说明，希望能为课程组织和实施者提供一些策略和帮助。同时，针对目前综合实践活动课程中普遍存在的一些问题，我们也将结合实际进行分析。

一、如何灵活有效利用课时

综合实践活动课程的实施目前存在着部分学校不能按照国家的规定安排课时，但同时又要求教师完成综合实践活动课程中的学期（学年）

目标的问题。综合实践活动课程被学科课程挤占的现象明显，教师也对这种变相增加了教学任务的形式产生了抵触心理。学校对于时间管理制度缺乏弹性，课时难以落实，学生活动空间因此也受到了限制，对于活动形式也有所影响。教师们难以根据有限的时间和不足的空间进行多样化的综合实践活动课程的实施，一些学校的综合实践活动都是草草了事，敷衍完成，这对于综合实践活动课程的开展是不利的。

当前，每所学校都是每一个学期使用一张课程表，但是这种每个学期完全固定的课程表是不利于综合实践活动课程开展的。教师需要在设计活动时考虑时间的限制，致使教师选择放弃一些步骤，这样虽然减轻了时间所带来的负担，但是却无法真正地开发课程。受到时间和空间的影响，学生无法体验完整的问题研究过程，综合实践活动课程开展的效果也大打折扣。也就是说，它变成了为了开展综合实践活动而开展综合实践活动，不再是作为真正学校课程的一部分来对待。这样，综合实践活动课程与现有的学校课程体系的融合度就会降低，对于推进课程变革也收效甚微。

从综合实践活动课程时间安排上来看，许多学校还存在着综合实践活动课程的课时数少于教育部颁发的《指导纲要》中的规定。在《指导纲要》中，要求每周1—2个课时的时间来进行综合实践活动课程的实施，但在很多学校由于管理的不规范，这些时间会因为各种原因被其他科目占用。所以在有限的时间内，如何正确把握好综合实践活动课程的课时，也对教师提出了更高的要求。

（一）了解学生并制订适宜的实施计划

课程设计的好坏与课程是否适应学习者的特征息息相关，设计课程要对学生的认知特点、学习特征等进行充分的分析，既要考虑到学生的共同特征，又要考虑到学生的差异性特点，而在移动物联环境下的综合实践活动的课程设计还要考虑到学生的探究能力以及信息技术的使用能力等。[1]

在综合实践活动课程的开展过程中，我们应该提前做好规划和安排，在学期开始前或者综合实践活动课程开始前，制订详细的计划，在通过集体审议之后，向学校提出需求。学校根据实际情况提供硬件或者软件的支持，配备所需要的教师，确定需求；或者由学校出面联系当地的博物馆等场地进行职业体验、社会服务、考察探究等活动。

教师为综合实践活动的开展需要付出很多的精力，尤其在前期准备过程中，需要注意到的不仅是材料的准备、环境的准备，还包括学生经验的准备。而学生经验的准备不仅仅是在短暂的综合实践活动课程中才能实现，还可以在平时的学科课程中获得。因此，教师需要制订详细的综合实践活动课程的实施计划或者方案，以便于学生更好地在有限的实践时间内参与到综合实践活动课程之中。

（二）结合社团课程开展综合实践活动课程

由于综合实践活动课程的可支配时间和教师的精力是有限的，所以目前很多学校会利用学校本身具有的第二课堂资源和社团活动资源开设综合实践活动课程。《指导纲要》中指出，综合实践活动与学科课程并列设置，由地方统筹管理和指导，以学校开发为主，从小学一年级到高中三年级全面实施。而学生的社团建设不仅是为了落实立德树人的根本任务，还是创新和深化未成年人思想道德建设的重要途径，也是实施素质教育、推进学校特色建设的有效方式。在很多学校，社团活动也成了综合实践活动课程建设的内容。社团活动课程化既可以满足以学校开发为主体的要求，又可以在不加重学生课业负担的情况下，做到与学科课程并列。以兴趣为基础可以为社团和综合实践活动创设和谐的环境，所以在这种环境下有助于提高学生的综合素质，促进学生全面发展。在当下，综合实践活动课程的开展仍存在困境，而社团活动在中小学之中已经有

[1] 江雯慧：《基于移动物联的小学综合实践活动教学环境的设计与应用研究》，硕士学位论文，浙江工业大学，2019，第 28-30 页。

一定的基础，可以为综合实践活动课程开展提供土壤。否则，难以避免在应试环境下学校都将考试的科目放在首位，综合实践活动课程的建设自然处于从属地位这一现实困境。[1]

社团活动课程化有助于引导学生从日常学习生活、社会生活或与大自然的接触中提出具有教育意义的活动主题，使学生获得关于自我、社会、自然的真实体验，进而建立学习与生活的有机联系。在社团课程的实施过程中可以充分发挥学生主动实践和开放生成，有助于在教师的指导下，根据实际需要对活动的目标与内容等做出动态调整，不断深化综合实践活动的实践。同时，社团活动丰富多样、门类众多，可以满足综合实践活动课程的内容需要，包含了考察探究活动、社会服务活动、设计制作活动等主题。综合实践活动课程开展意义重大，加强中小学综合实践活动课程的实施，有助于补上我国目前教育中所存在的实践育人的短板，通过已有的社团活动搭建综合实践活动课程平台，提升并展示学生综合素质，逐步完善考试评价政策。

随着教育部《指导纲要》的发布，中小学校结合自身社团活动来构建特色化的综合实践活动课程。在综合实践活动中，中小学社团活动可有效发挥其自身的价值和功能，促进学生全面发展。

社团活动向综合实践活动的转变有其特殊的价值。部分人认为推进社团活动向综合实践活动课程的转变有利于推动校本课程发展，丰富学校内涵，这是基础教育课程改革的新突破口，同时也是学校办出特色的新尝试。因为在不同文化背景的校园中，有不同的学生社团活动，所以可以高效地开展综合实践活动课程。有学者认为，这有利于激发学生信息迁移，通过并非单向的课堂讲授，让学生通过社团这一媒介和平台，自发性地聚集在一起，交流、研讨各种感兴趣的问题，打破原有的教学模式，发挥学生自身主观能动性进行学习，并获得综合实践能力的提升。

[1] 李薇:《基于社团活动平台重构初中综合实践活动课程》,《教育与管理（中学版）》2017 年第 5 期。

社团活动形式丰富多样，可以满足综合实践活动课程的要求，同时社团活动趣味性强，更加注重实践，于是，在学校资源有限的情况下，更多的学校将综合实践活动课程的实施目光转向了社团活动。

（三）常规教学的配合和课堂延伸

常规教学在课堂教学中进行。课堂教学是我们的主阵地，绝不能丢。在让教师上课内专题活动课时，首先要对教师进行培训，使教师明白设计的整体思路，知道一节课要达成的目标，了解课上的操作过程，在有信心上好这堂课时再进入课堂。我们要在常规教学中，让教师们互相听课，并在课后进行研讨，不断地反思自己的教学，提高对课内专题活动的认识，进一步完善教学设计，为后续的课程创新实验提供经验支持。例如：

> 课堂教学活动周中大胆展示课外主题活动。对于每学期仅有的一次课外主题活动，教师们一定要抓住机会。年级组在充分研讨、预设的基础上，分工合作，进行大胆的实践，并在每年一次的课堂教学活动周中进行公开的展示。同时各个年级组一定要错开时间，参与彼此开放前的研讨活动，把自己的认识不保留意见地讲出来，大家在这样相互合作的状态下进行课外主题活动展示，才能收到预期的效果。[1]

教师可以根据学生的不同需求，在课下进行活动的延伸，进而让学生在课余时间根据自己的兴趣选择喜欢的内容进行实践活动，根据不同的学习背景和知识结构在综合实践活动课程之后进行自主选择。综合实践活动如果只是靠每周1—2个课时的实施，本质上很难达到最高的目标。但是，通过综合实践活动的开展，学生可以培养实践意识和实践能力，并可以了解到除了原来传统的课程外还有很多的形式可以获取知识，而知识也不再是局限于教室中获得，或者教师口头传授和书本上呈现的，

---

[1] 王猛:《小学数学实践与综合应用领域内容设计与开发的实践研究》，硕士学位论文，东北师范大学小学教育专业，2010，第26页。

还可以通过其他实践和体验形式进行学习和获取。

二、谁来管理与实施课程

综合实践活动课程的开展需要加强领导，健全组织并且形成网络。学校建立有关课程组织机构是综合实践活动课程建设与发展的基础和保障。学校现有的部门需要各司其职，分别担负起各自课程管理的职能，相互配合形成管理的合力。在这个过程中，学校要根据学生和课程开发的需求，来进行管理机构的划分和课程实施者的确定。

通常，学校采用四个层级来管理综合实践活动课程。

第一层级是综合实践活动课程开发领导小组。该小组是学校课程开发与实施的最高管理机构，它统领学校综合实践活动课程的开发，规划课程开发各阶段的工作，制订课程开发的总体计划方案和年度计划及相应步骤，决定课程开发中的各项事宜，统一部署和协调学校各个部门之间的工作，促进相关部门的工作沟通，在学校层面保证课程的校内外教育资源的供给不出问题，为学生提供发展的空间，整体评估各个部门的课程开发情况。对于这一层级而言，他们首要关注的是综合实践活动课程的管理，在综合实践活动课程中，他们将课程开发权尽可能地让渡给教师和学生，因此在这里他们扮演着保障者的角色。而这种管理方式，正是我们现在的课程中所缺少的。一般学校管理者会将课程开发的权力牢牢把控在自己的手中，这样会使得教师和学生在课程开发中不再占据主导地位，尤其对于学生而言，学校管理者其实并不知道他们的特点与真实需求，只是从学校管理的层面制订他们自己认为合适的、易于操作的综合实践活动课程方案。

第二层级是教务处等。这些部门是负责综合实践活动课程和原有学校课程体系的组织实施的管理部门，主要负责学校的课时安排，制订课程纲要或者计划，配备教师队伍，评价和监督学校的学习活动等。同时他们还承担着教育教学的科研与培训任务，了解课程开发和实施过程中的问题，并根据学校的实际环境、文化背景等进行整体的规划和设计，安排学校学生的作息以及沟通和指导教师的课程开发工作，完成综合实践活动课程的实施。在一定层面上来说，他们具备了管理和实施两个角色，不仅是管理者，同时也是促进实施的部门。

第三层级是根据学科教研组或者是根据年级组进行划分的。他们负责更加细化的实施过程，通过对于分科教学经验的把握，根据学生不同年龄段特点、各个学科所具备的特点，对学生参与度的把握来进行细致的组织和实施。通常他们会采用教学研讨的方式对下一阶段的安排进行确定，根据各个班级的情况实施。在一定程度上，这已经是教师开发综合实践活动的过程了。在活动中，各教研组会进行听课、评课等，促进教学研讨，并根据不同的班级特点，打磨案例。这样不仅可以形成较为完整的适应该学校的综合实践活动课程案例，同时也可以是一个课程再生的过程，通过了解学生在课堂上的反馈和他们的兴趣来进行课程的二次开发，为下一阶段的课程实施提供方案和准备依据。

第四层级是课程的实施者。这里包含了综合实践活动课程的指导教师以及校外的指导人员。校内的教师群体较为单一，一般由任课教师担任，但是校外的指导人员根据活动类型的不同也有所不同，一般为校外的课程专家、家长、相关职业的工作人员等。课程实施者的多样化保证了课程实施过程的多样化，同时班级教师的直接参与更有利于了解学生的学情，更便于及时调整课程实施方案、活动目标、活动的评价方式等。同时，应该注意到对于学生的评价是跟踪式、发展式的，所以教师的直接参与有助于这种发展性评价的进行；对于学生而言，他们可以更加自由地参与到活动中，尤其是小学生，他们不需要再花时间去适应教师，可以全身心地投入到综合实践活动中去。

各个层级的划分与学校对综合实践活动课程的管理模式是密不可分的。学校采用哪种管理模式就会出现哪种划分方式，而这些方式没有最优选项，只有最适应于该学校情况和学生发展的方式。所以，在这里我们也只是为阅读此书的读者提供一种思路，沿着这种思路尝试并改进综合实践活动课程的管理与开发，相信能够真正促进学校中综合实践活动课程的发展。

三、教师在课程中扮演什么角色

关于教师在课程中扮演的角色问题，我们在上文中已多次论及，其实教师不仅仅是综合实践活动课程有效实施的保证，同时也是这个课程中重要的组成部分。教师联结着综合实践活动课程中涉及的各个部分，还兼具管理者、活动的参与者和引导者等角色。

若学生认知水平的发展较为有限时，教师需要启发学生初步选题，对学生进行引导。教师在这个过程中需要为学生讲解选题标准，并通过一些活动或者是学生感兴趣的研究问题等启发学生提问，指导学生初选题目。在初选题目之后，教师可以指导学生建立课题，并指导学生对初选题目进行论证，组织学生答辩、质疑，进而指导学生评出正式立项课题。综合实践活动课程的内容不是一节课就可以完成的，设立好的课题需要细化到每节实施的子课题，所以教师在这个过程中还担任指导划分子课题的角色，为学生讲解课题分解方法，指导学生用合适的方法分解立项课题。

在制订综合实践活动课程课题的时候，我们希望教师可以作为一个引导者，引导学生进入这个综合实践活动课程开展的情境之中，让学生在这个过程中体会到综合实践活动课程的乐趣。在确定研究课题部分，教师的引导作用不容忽视。

在制订综合实践活动课程的计划部分，教师首先要为学生讲解指导制订计划的方法，关注各组计划并给予一定的可行性建议，为学生的课程计划的组织和实施提供帮助。同时搭建平台，组织各小组进行交流。这时，教师可在旁观察和指导，不仅可以观察学生的表现，也可以为综合实践活动课程的完善提供有力的支持。在活动过程中，教师要促进学生行动，并根据综合实践活动课程的实施对学生进行方法指导。对需要外出的活动等，由教师组织实地采访、负责学生的安全保障。

在综合实践活动课程的实施阶段，部分活动会涉及数据的采集和整理，有的也会涉及样本的采集，教师在这个过程中要引导学生进行采集数据等，还要引导学生学习样本分类、资料分类、数据统计、要点概括的方法。综合实践活动课程的指导教师在指导学生整理数据的过程中，不仅要帮助学生整理分析资料，同时还要观察学生表现。

教师在体现学生创意物化、动手操作的活动阶段，指导学生完成作品，依据需要完成的作品进行具体方法指导，并根据活动的流程和作品的制作过程，督促学生进行平时记录和总结。教师引导学生通过多种成果表达形式进行综合实践活动课程的成果呈现，并且提供多种成果表达方式供学生选择。同时教师还需要在这个过程中，促进学生和学生之间、学生和教师之间进行广泛的交流，并为学生交流和活动开展过程中的各个子计划实施提供具体方法指导，为学生和家长等人员介绍展示评价考核指标，提供交流平台，激发交流愿望，最后通过多元评价主体和多个评价方式评价学生活动成果。教师可以通过评价深化学生反思，为学生提供反思的方法，提升学生的自信心、科学精神、关注生活的热情和社会责任感，促进学生在综合实践活动课程中主体地位的体现。教师还需要反思自己的指导策略，哪个环节需要进一步加强，哪个环节可以省略。根据学生的反应，教师可以通过之前在各个阶段对学生的观察进行反思，并整理成资料。

根据综合实践活动课程开展过程的理想型，我们可以把各个环节中教师的角色归纳如下：

1. 启发初选题：讲解选题标准；启发学生提问，指导学生初选题目

2. 指导立课题：指导学生对初选选题进行论证；组织学生答辩、质疑；指导学生评出正式立项课题

3. 指导分子题：讲解课题分解方法；指导学生用合适的方法分解立项的课题

4. 指导订计划：讲解制订计划的方法；关注各组计划，给予一定可行性建议；组织交流计划，观察学生表现

5. 促进生行动：进行方法指导；组织实地采访，观察学生表现

6. 指导采数据：教会资料分类、数据统计、要点概括的方法，观察学生表现

7. 指导理数据：帮助学生整理分析资料，观察学生表现

8. 指导出作品：进行具体方法指导；督促学生根据平时记录做总结；提供多种成果表达方式供学生选择；观察学生表现

9. 促进广交流：具体方法指导；介绍展示评价考核指标；提供交流平台，激发交流愿望；评价学生活动成果

10. 深化生反思：提供反思方法；提升学生的自信心、科学精神，关注生活的热情和社会责任感；反思自己指导策略

对于教师而言，综合实践活动课程不仅仅带来了挑战，同时也为他们的发展提供了支持。

第三节　健全实施制度

教育变革不能止于技术主义的行为上的改变。互联网技术的崛起加剧了中小学教改中“为人”和“为分”这两种目标的抵牾，并未脱离“将教育窄化为教学，将教学窄化为应试训练”的窠臼，其实际关注的还是分数和知识点。在关键教育制度（考试评价制度、重点学校制度）、教育环境、教育文化没有根本改变的情况下，单纯的课程改革和教育技术

对基础教育整体改善的作用是有限的。[1] 因此，教育变革本质是制度变革与文化革新。

“实质性的教育改革牵涉政府、学校、学生、家长、社会和市场等各个方面，不是学校和教师可以单独完成的，也不是政府发文、开会就可以解决的。它需要地方政府改变应试评价，给学校松绑；需要通过办学体制改革形成新的变革机制，自下而上地改善教育的品质、恢复学校的活力。制度变革、政策调整固然重要，但这一变革的前提是教育理念、教育价值的更新。制度和文化是一体两面、相互依存的，应试教育体制本质上是传统教育文化、功利主义、技术主义的产物。今天谈改变应试教育、促进素质教育，不能不重视观念的革命，呼唤人文主义的价值，这也是当前的一个世界性潮流。”[2] 钟启泉教授有言：“但凡改革，观念体制的变革是第一位的，然后才是方法技术。真正的改革一定是观念与体制统一的变革，观念要变，体制也要变，而且同步地变，然后有相应的教育教学方法变革。”[3]

在综合实践活动课程的实施过程中，仍旧存在一些综合实践活动课程的制度不够完善等问题。综合实践活动课程的常态实施是相对于当前中小学综合实践活动实施过程中群体“失范”行为而提出来的。[4] 对于综合实践活动课程在不同地区的开展情况而言，综合实践活动实施的“失范”应该是一些地方教育行政部门，特别是学校课程管理人员和任课教师不重视这门课程所致。综合实践活动课程的开展过程步履维艰，而地方行政部门或者主管教育的领导机构、学校、教师对这门课程的目标认可不够，对这门课程的操作规范遵从不够，从而导致形式主义的应付，或者是不予理睬的对抗。

[1] 杨东平：《重新认识应试教育》，《北京大学教育评论》2016 年第 2 期。
[2] 同上。
[3] 钟启泉：《课程改革：为社会公正和儿童发展而教》，《上海教育科研》2013 年第 3 期。
[4] 朱志鹏：《综合实践活动的学校课程制度建设研究》，硕士学位论文，西南大学课程与教学论专业，2016，第 16-19 页。

综合实践活动课程是一门综合课程，是实践性、体验性课程，它具有综合性、实践性、生活性、开放性及生成性等特点，是一种学习方式，是一个活动领域。它需要通过教师和学生构建的学习共同体来完成，而不仅仅是传统意义上的师生互动那么简单。其特征决定了这门课程的开发、实施与管理要赋予学校和教师很大的自主权，成为学校课程体系的一部分，体现校本化办学特色。也就是说，学校必须要调动各职能部门和全体任课教师广泛参与到这一门课程的开发与实施工作中来。

对于综合实践活动这种以学校开发与实施为主体的课程，需要也有必要建立一个合理、合法的学校“规范”——建立合乎学生发展和学校、教师发展的“综合实践活动课程制度体系”，是实施该课程的重要保障。综合实践活动的课程制度从课程主体的角度来说，可以归为学校课程制度。综合实践活动课程制度是学校课程制度的重要组成部分，是学校贯彻《指导纲要》的具体化制度保障措施。它体现了学校的教育哲学和办学理念，是学校制度文化的有机组成部分，是规范、引导和促进综合实践活动课程开发、实施与管理等一系列课程行为的一整套规则体系。

下面我们将主要从教师培训与教研指导制度、课程资源建设制度、课程激励机制等的建设来叙述综合实践活动课程的制度体系建设。这种制度体系的建立除了规范综合实践活动课程的开展，还有指导教研的目的，同时也可以起到激励学生和教师的作用，促进综合实践活动课程的良性发展。课程资源建设制度利用科学技术和网络，可以有效地提高综合实践活动课程普及的进程，所以建立规范的综合实践活动课程制度体系是十分必要的。

制度化就是使人类的某些行为成为一种规范，并逐渐内化，普遍被社会成员接受和认同的过程。制度化以后，就能依据界定的角色行为来预期社会成员的行为。制度化包括两个方面的过程：一方面是社会个体在社会交往与互动的过程中，逐渐对某些社会规范形成共识，并将之系统化、正规化，此过程也是社会规范的形成与建构过程；另一方面是形成的社会规范能够被社会个体和组织普遍接受与认同，并将之内化进个体思想与行为之中。[1] 由此可以看出，制度化有两个环节：其一，制度的制定，没有制度就没有制度化；其二，制度的实施或执行，没有制度的执行，也没有制度化。[2]

要促进综合实践活动的顺利实施，增强开展综合实践活动的自觉性与能动性，也需建立相应的评价制度，以促进评价的制度化。一个较为完善的制度化体系主要涉及四个方面的内容：目标系统、规则系统、组织系统、保障系统。[3]

一、教师培训与教研指导制度

教师的课程力主要包含三个要素：理解力、开发力、评价力。理解力表达的是认识并合理确定课程目标的能力；[4] 开发力表达的是在课程目标与课程资源之间建立关联，实现课程目标的能力；[5] 评价力表达的是确定课程目标的达成度，以及完善课程新目标的能力。[6] 课程开发实践，本身就是教师的课程力的展示过程。

国际上定义课程标准有三个层面：第一，成就标准，要达到什么样的成就高度；第二，内容标准，通过哪些门类的学科来实现达到成就标准；第三，机会标准，提供怎样的学习环境，提出怎样的评价机制等。这三大标准本身是融合的。[7] 教师培训与教研指导制度的建立，应该以培

---

[1] 郭景萍：《情感是如何制度化的？》，《社会科学》2006 年第 4 期。
[2] 张家军：《综合实践活动评价几个理论问题的探讨》，《天津师范大学学报（基础教育版）》2015 年第 4 期。
[3] 同上。
[4] 教育目标的类型或维度，包括基础性目标和发展性目标、预期目标和非预期目标。——编著者
[5] 学生围绕自己的板块或问题，查阅资料，搜集信息，开展各种调研活动，获得问题的答案。教师主要起到引导、督促、关键问题促进者的作用。——编著者
[6] 学生自我展示与评价，教师的巧妙点拨与提出改进方向，师生合作将成果与课程目标进行对比、研究和分析。通过成果的展示与分享，实现课程目标的达成，以及非预期目标的总结与反思。——编著者
[7] 钟启泉：《课程改革：为社会公正和儿童发展而教》，《上海教育科研》2013 年第 3 期。

养教师的“课程力”为核心目标。

综合实践活动课程制度体系中教师培训与教研指导制度的建设是一个漫长的过程，是一个复杂多变的过程。这个体系根据不同的时间或者地点的变化都会变得不再是最优的解法，在这里我们只是提出对于好的“综合实践活动课程制度体系”之中“教师培训与教研指导制度”的构想，或者说提供在建立这个制度中需要考量的关键要素，以供诸位建立合乎自己学校的综合实践活动课程的教师培训与教研指导制度。

学校课程规划主要指学校成员源于学校课程管理理念的更新，以学校为基础，对包含国家课程、地方课程和校本课程在内的学校课程进行整体设计和安排的持续发展。综合实践活动课程制度体系需要以国家课程标准为依据，同时在《指导纲要》中，教师作为课程的实施者和参与者需要对其进行专业的指导。教师的培训制度在我国已经发展了较长的时间，教师职前培训和在职培训都已有较为完善的体系和制度，所以综合实践活动课程的教师培训制度应该建立于原有的教师培训制度之上，即基于原有的教师培训制度进行综合实践活动课程的教师培训制度的建立。教师的继续教育会根据不同层次教师在职进修的特点，采取自学为主、业余学习为主、短期培训为主的原则，把综合实践活动课程的教师培训与教学研究密切结合起来。而随着现代教育技术的不断发展，教师的培训也可以不再拘泥于教室，不再受到时间的限制，因此我们结合学校开展综合实践活动课程的实际情况，为学校建立综合实践活动课程教师培训和教学研讨队伍提出以下的建议和方案。

教师在任职学校结合教学工作边教边学，学校和教研室组织综合实践活动课程的教研计划、业务学习、专题讲座、专家交流，安排有经验的综合实践活动课程的教师新老带教，鼓励教师制订自学计划[1]，或者按照小组的形式，分小组制订在校内边教边学的实施计划，不仅可以在最短的时间内使教师得到最有效的提升，也是在职教师最基本、最经常、

[1] 梁忠义、罗正华分卷主编《教师教育》，吉林教育出版社，1995，第 445 页。

最普遍的进修提高方式。这种方式在一定意义上可以用最短的时间给予教师最大限度的自学自由。

学校应该制定相应的规章制度，对教师短期进修给予适当的鼓励和支持。虽然我国的综合实践活动课程开始实行已经有了一定的基础，但是对于教师而言，很多教师都是各个学科的教师，他们所接受的教育通常是师范教育中某一学科的教育，在接受教育的过程中也只注重了教育教学技能的培养，而往往忽视了他们综合能力的发展，所以在教师工作之后应该由学校提供他们参与短期进修的可能。比如，根据教师和综合实践活动课程的需要，学校可以与当地的大学或者继续教育学院、各级教师培训中心及师范院校，联合举办各种类型的短期培训研讨班。各个学科的教师根据其不同的工作任务和工作需要，选择符合个人在综合实践活动课程实施过程中的学习内容进修。学校还可以建立与其他学校相互帮扶的培训机制，让教师从综合实践活动课程的“开发者”走向综合实践活动课程的“研究者”，不仅可以在一定程度上适应教学改革和教师队伍建设的需要，为教师学习新的知识技能提供可能，也可以培养新的综合实践活动课程的带头人。学校需要建立相应的机制，为进修的教师或者参与互助和研讨的教师提供保障。

通过丰富的现代教育技术资源，结合综合实践活动课程资源，为教师打造综合实践活动课程的学习平台，在这个平台上可以进行网络学习和授课，还可以以类似于慕课（MOOC）的形式，在不脱离岗位的情况下进行系统的学习。但是这种方式也会存在一个弊端，就是教师只是为了完成任务而进行学习，并不会将这些内容真正深化，会有一部分教师将其作为一种课业负担，在备课时或者午休时进行播放阅览。然而这种形式的课程平台的建立又是不容忽视的，通过网络资源建立适宜教师学习综合实践活动课程的设计理念、开发方式等的网站，供教师进行学习。将网站和手机客户端 App 相贯通，教师不仅可以在网页端进行学习，同时也可以通过手机等移动客户端学习，为教师学习提供了空间和时间。

学校需要在这个制度中扮演监督管理者的角色，以建立完善的指导体系。

二、课程资源建设制度

目前，课程资源在学术界有两种不同的分类：[1] 第一种是把课程资源分为素材性资源和条件性资源。素材性资源包括课程实施的各个要素，比如知识与技能、过程与方法、情感态度与价值观等。条件性资源包括决定课程实施的人力、物力、财力、时间、地点、设施等外部因素。第二种是把课程资源分为校内课程资源和校外课程资源两种。校内课程资源包括各种教育场所，比如运动场、实验室、图书室、阅览室、广播站等；还有各种教育材料，比如书刊、教科书、广播、电视、网络等；同时还有各种其他活动，比如表演节目、演讲会、辩论会等。校外课程资源包括图书馆、纪念馆、展览馆、文化馆等公共文化场所。深入理解课程资源的含义及类型，对开发和利用多种类型的课程资源有着积极意义。

一般意义上我们认为，课程资源是指一切有利于教师教学和学生学习的教材、教参和其他辅助性的设备、资源，因此，我们很容易注意到综合实践活动的课程资源较为丰富。尽管综合实践活动课程并不像传统的学校课程由来已久，现行的评价方式也仍旧侧重于传统的学校课程，但综合实践活动课程的教材不是国家编制的，而且其评价方式也并非传统的纸笔测试，因此教师们在综合实践活动课程中发挥的余地更大。

各学校对综合实践活动课程的探索，也为我们呈现了很多丰富而生动的综合实践活动课程资源。发挥本校特色，根据自己学校的特点进行综合实践活动课程的设计，使各个地区在进行综合实践活动课程评价的时候，可以通过各个学校的综合实践活动课程的资源进行统合，再根据不同的年龄阶段进行整理，为综合实践活动课程资源的完善提供素材，比如举行综合实践活动课程优质课评选等。

---

[1] 常璐：《浅议语文课程资源的开发与利用》，《湖北师范大学学报（哲学社会科学版）》2019年第3期。

根据分层管理的方式对综合实践活动课程资源进行制度化管理，采取定期报备、上传、整理等，丰富和完善综合实践活动课程资源。同时，应有相应的监督机构对综合实践活动课程资源的收集进行监督。课程资源中不是每一个课程都可以被上传的，也不是所有的课程资源都是经典的，所以要选取特征鲜明、富有时代性、具有代表性的综合实践活动课程的资源才可以上传。同时，还要注意将综合实践活动课程资源按照四种活动方式进行划分，涉及综合型的则以主题探究的方式进行归整。综合实践活动课程的资源不仅仅需要包含课程的设计，还应该包含一些精品的视频集等，让课程资源的使用者们更能直观地感受到学生的参与和综合实践活动课程的环节设计。

三、课程改革激励机制

《指导纲要》中指出，要建立健全指导教师考核激励机制：各地和学校明确综合实践活动课程教师考核要求和办法，科学合理地计算教师工作量，将指导学生综合实践活动的工作业绩作为教师职称晋升和岗位聘任的重要依据，对取得显著成效的指导教师给予表彰奖励。开展优秀成果交流评选，开展中小学生综合实践活动课程展示交流活动，激发广大中小学生实践创新的潜能和动力。将中小学综合实践活动课程探索成果纳入基础教育教学成果评选范围，对优秀成果予以奖励，发挥优秀成果的示范引领作用，激励广大中小学教师和专职研究人员持续性从事中小学综合实践活动课程研究和实践探索。

《指导纲要》对激励机制做了很好的说明，但我们认为，要真正落实《指导纲要》，最重要的还是学校和教育管理部门要更新评价理念，倡导增值性评价的教育评价思想。换言之，侧重于学生个体间的差异性评价，主要看学生的进步，不搞横向比较，也能在很大程度上激发学校、教师乃至于学生本人的积极性。教育本应该考查学生的进步情况，而非将某一特殊时段内的成绩，作为衡量学生、教师与学校的硬性指标。要多发挥评价的改进、提升和激励功能，让每一位学生、教师，乃至每一所学校都能正视自己、完善自己，最终发现最好的自己！

后　记

多年来，在与一线教师合作开发综合实践活动课程的过程中，总会遇到课程评价的问题。为确定课程开发之于儿童发展的价值，并鉴定课程本身的质量，评价问题遂成为综合实践活动课程开发要解决的核心问题。撰写本书的目的，在于将评价实践中的经验（自己的或他人的）及经验背后的理论根源，进行总结呈现。

课程类型的区别，本质上是知识的性质以及人与知识的关系的差别。所以，第一编主要探讨评价的原理和内容及其背后的默会知识论依据。第二编围绕综合实践活动课程的四种活动方式，分别展示每一种活动方式在“设计思想”“行动实施”“价值成果”三个维度的评价，并结合精选案例加以例证。第三编主要探讨综合实践活动课程评价与高考的衔接关系、学校层面的课程管理等问题，凸显综合实践活动存在的制度性价值和保障性条件。

本书是我和我的研究生们集体创作而成。其中，第一编的第二、三章是谢季萍硕士学位论文的部分内容。张馨月前期参与了部分写作工作，厉鑫辉帮助我处理了部分图文工作。感谢她们的智慧与辛苦付出！文中不足之处，原因在于我。同时，我还要感谢合作开展过研究的象山县昌国小学的鲍晓燕校长、义乌市幸福湖小学的季敬堂校长，与各位的合作经历和思考交流，为本书撰写提供了直接的动因。最后，感谢文中所引用文献的所有作者，是你们的深邃思想与资料丰富了本人对评价问题的认识，以及本书编辑李琨女士，是您一丝不苟的专业精神让本书以更好的面貌得以呈现。

说到底，综合实践活动课程评价过程中所评价的不只是被评价者，也包括评价者。所以，谁有权做出评价？愿所有评价者和被评价者，都能在评价中获得成长。

是为后记。

戎庭伟

2020 年 10 月 25 日